研学旅行

安全工作指南

吴军生 彭其斌 著

山东教育出版社

图书在版编目（CIP）数据

研学旅行安全工作指南 / 吴军生，彭其斌著. — 济南：
山东教育出版社，2019.9
　ISBN 978-7-5701-0703-2

　Ⅰ. ①研…　Ⅱ. ①吴… ②彭… 　Ⅲ. ①中小学生-
素质教育-研究　Ⅳ. ①G631

中国版本图书馆CIP数据核字（2019）第173744号

YANXUE LÜXING ANQUAN GONGZUO ZHINAN

研学旅行安全工作指南　　　　　　　　吴军生　彭其斌　著

主管单位：山东出版传媒股份有限公司
出版发行：山东教育出版社
　　　　　地址：济南市纬一路321号　邮编：250001
　　　　　电话：（0531）82092660　网址：www.sjs.com.cn
印　　刷：济南万方盛景印刷有限公司
版　　次：2019年9月第1版
印　　次：2019年9月第1次印刷
开　　本：710毫米×1000毫米　1/16
印　　张：14
字　　数：280千
定　　价：35.00元

（如印装质量有问题，请与印刷厂联系调换）印厂电话：0531-88985701

序

研学旅行，教育为本，安全第一。

自从2016年11月30日教育部等11部门发布《关于推进中小学研学旅行的意见》以来，各省、自治区、直辖市相继出台了实施意见，有力地推进了研学旅行工作的迅速发展，对我国近3亿青少年的健康成长起到了积极作用。但是在研学旅行工作实践中，安全问题始终是悬在各中小学、旅行社等从业机构和从业人员头上的达摩克利斯之剑，是制约研学旅行工作深入健康发展的重要因素之一。

从实际工作情况来看，当前的研学旅行安全现状也的确令人担忧。主要问题是：一、各级教育主管部门和文化与旅游等主管部门尚未建立研学旅行安全管理行政保障体系，不能够从制度和标准上对相关学校和从业机构给予有效的业务指导，也没有建立起规范合理的责任追究制度。二、各从业机构的安全管理机制不健全，不能够建立研学旅行安全的单位责任保障体系。三、研学旅行从业人员安全法规知识欠缺、安全风险管理专业知识与技能缺乏，安全风险管控能力严重不足，不能有效防范和处置安全事件。四、少数从业机构安全意识淡薄、唯利是图、生师比过大，无法配备合格的安全员，不合理地减少成本，降低了安全保障的系数。五、研学旅行安全员没有从业标准，未经过系统的研学旅行安全专业培训，缺乏安全员应该具备的专业技能，从业人员鱼龙混杂，加大了研学旅行的安全风险。

《关于推进中小学生研学旅行的意见》明确提出了研学旅行的安全性原则，即"研学旅行要坚持安全第一"。本书的出版正是为了在研学旅行工作中深入落实这一重要原则。本书为研学旅行安全工作提供了制度建设和实际操作的理论与技术指导，对各级研学旅行工作行政主管部门、各类研学旅行从业机构、研学旅行从业人员都具有重要的指导意义；本书提出了很多研学旅行安全管理的新理念、新原则和新方法，是作者在工作实践基础上进行的探索和经验的凝练，是对研学旅行安全管理工作规范化发展的有益探索。

本书的两位作者都是研学旅行安全工作的理论研究与实践的先行者，多年从事学校教育和户外教育工作，近年来又在研学旅行领域取得了显著成果，为行业的规范发展作出了重要贡献。相信本书作为他们工作实践中研究的重要成果，一定能够对研学旅行安全管理工作起到有效的推进作用，也期待他们能够为中国职业安全健康事业，尤其是研学旅行的职业安全健康工作作出更多更大的贡献。

中国职业安全健康协会理事长

国务院安全生产委员会专家咨询委员会主任

原国家安全生产监督管理总局党组副书记、副局长兼

国家安全生产应急救援指挥中心主任

2019年9月2日

目录

第一编

研学旅行安全管理机制

第一节　研学旅行安全的基本理念

教育部等11部委发布《关于推进中小学生研学旅行的意见》以来，研学旅行在全国范围内迅速推进，成为推进新一轮基础教育改革、全面落实中国学生核心素养的一大新亮点，也成为休闲旅游产业的新的增长点。但是随着研学旅行的迅速发展，安全问题也越来越成为悬在教育主管部门和中小学校长们头上的达摩克利斯之剑，越来越成为制约研学旅行健康可持续发展的最重要的因素。安全第一的理念越来越受到重视。

一、研学旅行安全工作的指导方针

1.《中华人民共和国安全生产法》（中华人民共和国主席令〔2014〕第13号）、《中华人民共和国突发事件应对法》（中华人民共和国主席令〔2007〕第69号）是各行各业从事安全生产的法律规范。

《中华人民共和国安全生产法》规定："安全生产工作应当以人为本，

坚持安全发展，坚持安全第一、预防为主、综合治理的方针，强化和落实生产经营单位的主体责任，建立生产经营单位负责、职工参与、政府监管、行业自律和社会监督的机制。"该法从法律上确定了政府、生产经营单位、行业组织和从业人员的具体责任，是制订研学旅行安全管理制度，进行安全责任认定的法律依据。

《中华人民共和国突发事件应对法》是为了预防和减少突发事件的发生，控制、减轻和消除突发事件引起的严重社会危害，规范突发事件应对活动，保护人民生命财产安全，维护国家安全、公共安全、环境安全和社会秩序而制定的一部重要安全法律。该法对突发事件的预防与应急准备、监测与预警、应急处置与救援、事后恢复与重建等应对活动做出了法律规范，是研学旅行风险管理与应急处置的法律依据。

2. 教育部等11部门《关于推进中小学生研学旅行的意见》（以下简称《意见》）提出了研学旅行安全工作的基本指导方针。

《意见》对各地中小学研学旅行的开展提出了"四个以"的基本要求，即开展研学旅行工作要以立德树人、培养人才为根本目的，以预防为重、确保安全为基本前提，以深化改革、完善政策为着力点，以统筹协调、整合资源为突破口，因地制宜开展研学旅行。《意见》特别强调确保安全是研学旅行的基本前提，安全责任必须落实到位。

《意见》把安全性原则作为开展研学旅行的四条基本原则之一，特别指出研学旅行要坚持安全第一，建立安全保障机制，明确安全保障责任，落实安全保障措施，确保学生安全。

《意见》对于各地推进研学旅行工作提出了五项具体要求，建立安全责任体系是其中一项至关重要的要求。《意见》明确要求各地要制订科学有效的中小学生研学旅行安全保障方案，探索建立行之有效的安全责任落实、事故处理、责任界定及纠纷处理机制。教育行政部门负责督促学校落实安全责任，审核学校报送的活动方案（含保单信息）和应急预案。学校要做好行前安全教育工作，购买相关的意外险和责任险，与家长、研学旅行委托的企业或机构签订安全责任书。旅游、交通、公安、食品药品监管等部门要各司其职，分别对研学旅行开展涉及的企业、交通工具以及住宿、餐饮等进行安全检查和监督，为研学旅行活动开展提供全面可靠的安全保障。

《意见》还特别指出学校自行开展或采取委托形式开展研学旅行，都需要安排相关人员负责学生活动管理和安全保障，与家长、参与企业等签订协议书，明确各自的权责，切实保障学生安全。

3. 原国家旅游局发布的《研学旅行服务规范》（以下简称《规范》）对研学旅行安全管理工作提供了具体规划指导意见。

《规范》从安全管理制度、安全管理人员、安全教育和应急预案四个方面对研学旅行安全管理提出了要求。

关于安全管理制度，《规范》指出主办方、承办方及供应方应针对研学旅行活动，分别制订安全管理制度，构建完善有效的安全防控机制。研学旅行安全管理制度体系主要包括研学旅行安全管理工作方案、研学旅行应急预案及操作手册、研学旅行产品安全评估制度、研学旅行安全教育培训制度等。

关于研学旅行安全管理人员，《规范》要求承办方和主办方应根据各项安全管理制度的要求，明确安全管理责任人员及其工作职责，在研学旅行活动过程中安排安全管理人员随团开展安全管理工作。

关于安全教育工作，《规范》从工作人员安全教育和学生安全教育两个方面提出了具体要求。关于工作人员安全教育，《规范》指出，应制订安全教育和安全培训专项工作计划，定期对参与研学旅行活动的工作人员进行培训。培训内容包括：安全管理工作制度、工作职责与要求、应急处置规范与流程等。关于学生安全教育，《规范》也提出了具体要求。

关于应急预案，《规范》提出主办方、承办方及供应方应制订和完善包括地震、火灾、食品卫生、治安事件、设施设备突发故障等在内的各项突发事件应急预案，并定期组织演练。

二、研学旅行安全的理念

根据国家以及各省（市、自治区）发布的文件所制定的研学旅行安全工作指导方针，结合研学旅行的课程性质和课程特点，可以确立研学旅行安全的基本理念。

1. 确立安全第一理念

《意见》明确指出，研学旅行安全第一，没有安全就没有一切。研学旅行安全问题始终是悬在中小学校长和研学旅行从业人员头上的达摩克利斯之剑。安全问题也是关系到学生身心健康、生命安全，关系到学生家庭幸福的根本问题。这就要求，在研学旅行的各项工作中，都要把安全问题放在第一位。安全工作的落实要从线路勘察开始，在课程设计中全面深入分析，在课程实施中着力落实，在课程评价中重点评估。在研学旅行工作中安全第一的理念要贯彻整个工作的始终。

2. 坚持制度为先理念

完善的安全管理体系是确保研学旅行安全的可靠保证。《意见》和《规范》都对建设研学旅行安全管理体系提出了明确的指导意见和建设标准。教育主管部门、旅游主管部门以及其他与研学旅行相关的行业主管机构，学校、旅行社和研学实践教育基地等研学旅行从业单位，都必须按照《意见》和《规范》的要求，制订覆盖全面、责任明确、措施具体、方法科学、程序规范的研学旅行安全管理体系。

3. 坚持预防为主理念

制定一切安全管理制度和安全措施的根本目的都是为了防止安全事件的发生。研学旅行安全工作必须坚持预防为主的原则。研学旅行工作从一开始就要在各个环节制订预防安全事件发生的具体措施。在线路选择时要充分考虑线路资源的各种不安全因素，在线路勘察时要着重对各种不安全因素进行考察，制订具体可行的应对各类潜在安全隐患的有效措施，在课程设计时要制订有针对性的安全注意事项。要针对各类可能存在的安全问题制订有效的应急预案。

三、研学旅行安全工作机制

1. 建立分级响应机制

研学旅行安全管理应建立分级响应机制，制订各级别安全事故的响应条件和相应程序。轻微安全事故由研学导师和学校带队教师负责处理，较为严重的安全事故应依据事故的严重程度和不同级别的响应条件逐级启动应急预案，确保安全事件得到迅速有效处理，将损失降到最低。

2. 实施分类处置机制

研学旅行课程资源的多样性决定了需要应对的安全问题非常复杂，为全面应对各类安全问题，应对可能出现的各种情况进行科学分类，针对不同类型的安全事件制订相应的科学高效的处置措施，并对从业人员进行系统培训，确保每个人都知晓和掌握各类安全问题的处置流程和技术标准。

3. 建立多方联动机制

研学旅行课程是需要多方合作完成的教育教学活动，涉及教育、旅游、文化、交通、餐饮、医疗、保险等多个行业，就课程实施过程的主要合作方而言，涉及主办方、承办方、供应方和保障方等不同单位角色。无论是研学旅行的安全预防还是安全事件的处置，都需要各方联动完成。所以，为有效应对研学旅行安全问题，应由教育部门及文化和旅游部门牵头，建立各方参与的研学旅行安全工作横向联动机制。在同一部门内，特别是对研学旅行工作负主管责任的教育及文化和旅游部门内部，也需要建立主管部门、主办或承办单位、课程实施团队的安全工作纵向联动机制。

4. 建立研学旅行安全责任认定机制

鉴于研学旅行的工作特点，无论安全管理制度如何完善，安全事件发生的概率都会存在，一旦发生安全事件，安全责任的认定就是一件非常难以处理的事情，这也是困扰学校和研学旅行从业机构的一大难题。安全责任认定没有可以依据的法律和标准，这已经成为制约研学旅行工作健康发展的主要因素之一，因而建立有效的安全责任认定机制已经是一项刻不容缓的任务。研学旅行工作的教育与文化和旅游主管部门要主持建立研学旅行安全责任认定机制。在建立安全责任认定机制的过程中，应组织教育、旅游、法律、交通、保险、医疗、应急保障等各领域的专业机构和人员广泛参与。相关部门应在此工作基础上推动相关立法工作，为研学旅行乃至整个户外教育领域的健康发展建立法律保障体系。

5. 建立研学旅行安全责任追究机制

各研学旅行参与方应建立基于安全责任认定的安全责任追究机制。安全责任追究包括两个方面的问题，即外部追责和内部问责。

（1）外部追责。外部追责是指研学旅行合作方之间的责任追究。当根据有关法律、行业标准和合作协议，对某一安全事件认定由某一方负全部责任或主要责任时，合作的另一方可以对责任方进行责任追究，以维护自己的合法权益。

（2）内部问责。内部问责是指单位对在研学旅行过程中应对安全事件的发生承担管理责任或直接责任的责任人进行问责处理。当依据有关法律和行业标准认定某一安全事件为责任事故时，单位应根据责任人在事故中的违规情况和安全事件所造成的损失、影响程度对责任人进行问责处理。

四、研学旅行安全工作的基本措施

1. 研学旅行安全注意事项

（1）安全注意事项的概念

安全注意事项是指针对可能发生的意外事故或事件制订的，提醒行为人特别注意，在活动过程中行为人必须遵守的预防性或禁止性措施。

安全注意事项是提供给学生的，行为的主体是学生，是在课程实施中学生自己应承担的安全责任。但承办方必须将注意事项告知学生，并及时对学生进行提醒和提示。

（2）安全注意事项的制订

安全注意事项的指向必须具体、有针对性。每一条注意事项都必须针对具体的学习环境、具体的学习条件和具体的设施。

安全注意事项的拟定标准为：只要学生按照注意提示约束和规范自己的行为，就可以避免注意指向的危险。

2. 研学旅行的安全防范措施

（1）安全防范措施的概念

安全防范措施是指为防范安全事件的发生，针对可能发生事件的环境和条件，承办方或组织者应该提前采取的预防性措施。

安全防范措施必须由主办方和承办方预先制订，由研学导师团体具体操作实施。这些措施必须能够起到规避和防范事故发生的效果。

（2）研学旅行防范措施的制订

应从以下几个方面制订安全防范措施：

① 基于标准和协议的安全预检。比如对供应方所提供的车辆、酒店、餐饮按照行业标准和协议要求进行事前的安全检查，确保供应方提供的产品和服务达到规定标准，避免一切安全隐患。

② 基于安全标准的线路规划和资源选择。在线路规划时要避开存在危

险的路线和处所，比如雨季易发生泥石流的道路和景点。

③ 基于安全规范的防护措施。如在参观车间、工地、工业遗址时，要按照安全规范组织学生穿戴防护服和安全帽，参加水上活动时要指导学生按照规定穿上救生衣，在车辆行驶过程和飞机飞行过程中提醒学生系好安全带。

④ 基于安全保障的操作流程。在进行生产流程的体验学习时必须监督学生按照工艺操作流程实施操作，在拓展训练活动时必须提醒和指导学生按照训练设施的使用规则和教练指导的活动规程进行活动。

⑤ 基于自然条件的活动安排。比如在干热环境中的防晒措施，在湿热环境中的防暑措施，在危险路段的团队组织等等。

⑥ 基于特殊社会规则和民风民俗的预防措施。比如出国、出境或到少数民族地区研学旅行时，应针对当地特殊的社会规则和民风民俗对学生进行教育，在活动过程中约束学生的言行，不能冒犯当地的风俗习惯，在与当地人交往时要尊重当地人的生活习惯和宗教信仰。

3. 安全应急预案

（1）应急预案的定义

《生产经营单位生产安全事故应急预案编制导则》（GB/T 29639–2013）中应急预案的定义：

为有效预防和控制可能发生的事故，最大程度减少事故及其造成的损害而预先制定的工作方案。

《突发事件应急预案管理办法》中应急预案的定义：

应急预案是指各级人民政府及其部门、基层组织、企事业单位、社会团体等为依法、迅速、科学、有序应对突发事件，最大程度减少突发事件及其造成的损害而预先制定的工作方案。

安全注意事项和安全防范措施是以预防事故的发生为目的的，而应急预案是一旦出现安全事故或紧急情况，为将损失降低到最小而采取的必要措施。

（2）研学旅行安全应急预案的常见类型

根据研学旅行工作的特点和课程资源的属性，常见的研学旅行安全应急预案有以下类型：

① 地质与气象灾害应急预案。

② 交通事故应急预案。

③ 食物中毒应急预案。

④ 突发疾病应急预案。

⑤ 意外伤害应急预案。

⑥ 暴恐袭击应急预案。

⑦ 机动车火险应急预案。

⑧ 财物失窃及证件丢失应急预案。

（3）研学旅行安全应急预案的内容

一份完整规范的安全应急预案一般应包括以下内容：

① 预案编制的基本理念，包括指导思想、工作原则和工作目标。

② 突发事件应急处理机制，包括应急处理领导小组和工作小组的人员构成及职责分工。

③ 应急预案的响应启动条件。

④ 应急处理的程序与步骤。

⑤ 责任人员的操作流程。

（4）研学旅行安全应急预案的执行

① 预案的启动

安全事故发生后，先评估确定风险事故的应急响应等级，如果等级较低，风险后果在可承受范围内，可采用应急救护手册的应对方案处理。如果风险事故应急响应等级较高，按照风险事故的应急响应等级，启动相应应急预案。

②事故报告

将事故评估结果、应急预案内容及启动状态向上级部门报告。

③应急处置

根据预案规定，应急指挥人员到位、开通网络信息平台、进行应急资源调配；执行人员到位，按照预案所规定的职责分工合作，执行救援行动；报警寻求专业救援力量的支持，与医疗、交通、处警人员密切配合，如果事故较严重，还需要政府相关部门的协调处置。

④升级救援

如果事态未得到控制，则需要升级应急响应等级，增加救援力量。

⑤事故调查

如果事态已得到控制，则需要进行事故发生情况调查，收集并固定事故证据。

⑥保险及善后处理

启动保险理赔程序，进行事故的善后处理，应急结束。

⑦事故总结与责任追究

应急处置结束后，进行事故总结和安全责任认定，对责任方进行责任追究，对责任人进行问责处理。

安全是开展研学旅行活动的前提，没有安全就没有一切。因此，承办方在参与研学旅行招标时，就必须在投标材料中提交安全措施和应急预案。安全措施和应急预案是否科学、规范、细致、有效、可操作，是承办方能否中标的重要条件。

第二节 研学旅行安全的基本原则

一、研学旅行安全定律和法则

在安全生产领域，在长期实践的基础上，人们总结出了很多安全工作的基本法则和定律。这些法则和定律对各领域的安全工作发挥了重要的指导作用。在研学旅行安全工作中，它们同样具有重要的指导作用。研学旅行安全定律和法则有以下11条。

1. 不等式法则

法则内容：10 000减1不等于9 999，安全是1，位子、车子、房子、票子等都是0。有了安全，就是10 000，没有了安全，其他的0再多也没有意义。

研学旅行教育为本，安全第一。只有把安全这个1放在首位，课程、教学和学习等其他的工作才有意义。生命是第一位的，安全是第一位的。失去生命一切全无，没有了安全，一切工作将失去意义。研学旅行工作必须始终把安全放在第一位，切实做到安全第一。

2. 墨菲定律

墨菲定律的内容：如果有两种或两种以上的方式去做某件事情，而其中一种选择将导致灾难，则必定有人会做出这种选择。

墨菲定律表明，如果事情有变坏的可能，不管这种可能性有多小，它总会发生。有可能出错的事情，就一定会出错。

只要存在发生事故的原因，事故就一定会发生，而且不管其可能性多么小，事故总会发生，并造成最大可能的损失。

小概率事件在一次活动中发生的可能性很小，给人一种错误的理解：不会发生事故。与事实相反，正是由于这种错觉，人们的安全意识变得淡薄，从而加大了事故发生的可能性，其结果是事故可能频繁发生。

墨菲定律提醒我们，在研学旅行安全管理中必须严密识别各类安全隐患，决不可麻痹大意，心存侥幸。

3.海因里希安全法则

海因里希安全法则内容：每一起严重事故的背后，必然有29起轻微事故和300起未遂先兆事故以及1 000个事故隐患。

海因里希法则是美国人海因里希通过分析工伤事故的发生概率，为保险公司的经营提出的法则。海因里希统计了55万起机械事故，其中死亡、重伤事故1 666起，轻伤48 334起，其余则为无伤害事故。从而得出一个重要结论，即在机械事故中，死亡、重伤、轻伤和无伤害事故的比例为1∶29∶300，国际上把这一法则叫事故法则。这个法则说明，在机械生产过程中，每发生330起意外事件，有300起未产生人员伤害，29起造成人员轻伤，1起导致人员重伤或死亡。

对于不同的生产过程，不同类型的事故，上述比例关系不一定完全相同，但这个统计规律说明了在进行一项活动时，无数次意外事件发生，必然导致重大伤亡事故的发生。而要防止重大事故的发生必须减少和消除无伤害事故，要重视事故的苗头和未遂事故，否则终会酿成大祸。因此，要避免事故发生，重在防范，要保证安全，必须以预防为主。

海因里希安全法则同样适用于研学旅行安全领域。研学旅行安全必须坚持预防为主，每一起安全事故，无论多么微小，都不能完全视作意外，因为多次意外事件的累积或叠加，将必然导致重大的安全事故的发生。

4.金字塔法则（成本法则）

金字塔法则内容：系统设计1分安全性=10倍制造安全性=1 000倍应用

安全性。意为企业在生产前发现一项缺陷并加以弥补，仅需1元钱；如果在生产线上被发现，需要花10元钱的代价来弥补；如果在市场上被消费者发现，则需要花费1 000元的代价来弥补。

安全要提前做，安全要提前控，就是抓住安全的根本，预防为先，提前行动。在安全生产工作中，要预防为主，把任何问题都消灭在萌芽状态，把任何事故都消灭在隐患之中。

就研学旅行安全工作而言，安全设计体现在课程设计之中。在课程设计时必须进行实地线路勘察，在课程设计和线路规划时就要规避重大安全风险，对于不能完全规避的安全风险，要进行全面风险识别和风险评估，制订详尽的安全注意事项、严密的安全防范措施和科学有效的安全应急预案。要真正做到研学旅行安全预防为先，就要首先做到在课程设计中规避安全风险，在源头上进行安全预防。

5. 九零法则

法则内容：$90\% \times 90\% \times 90\% \times 90\% \times 90\% = 59.049\%$。安全生产工作不能打任何折扣，安全生产工作90分不算合格。主要负责人安排工作，分管领导、主管部门负责人、队长、班组长、一线人员如果人人都按90分完成，安全生产执行力层层衰减，最终的结果就是不及格（59.049分），就会出问题。

九零法则对研学旅行安全工作具有重要意义。该法则警示我们，研学旅行工作重在执行。安全制度和各项安全管理措施必须严格执行，不打折扣。无论多么完善和严密的安全管理制度，如果在执行过程中不能够严格地贯彻，每个环节的松懈，积累起来就是安全管理的巨大漏洞。

6. 罗氏法则

法则内容：$1 : 5 : \infty$。即1元钱的安全投入，可创造5元钱的经济效益，创造出无穷大的生命效益。

罗氏法则揭示了在生产领域任何有效的安全投入（人力、物力、财力、精力等）都会产生巨大的有形和无形的效益，从某种意义上说，安全投入是产出投入比最大的投入，是收益率最高的投入。

安全投入是第一投入，安全管理是第一管理。生产经营活动的目的是让人们生活得更加安全、舒适、幸福，安全生产的目的就是保障人的生命安全和人身健康。生产中一旦发生事故，将造成不可挽回的损失，员工的生命及健康更是难以挽救。所以，在安全生产中，各级、各部门、各岗位要多重视、多投入，投入一分，回报无限。

罗氏法则同样适用于研学旅行安全管理。在研学旅行的各项投入中必须要优先保证安全投入。在特殊环境下的安全防护设施投入、安全教育和安全培训投入、行程中的安全管理人员特别是安全员的配置，都必须要高标准执行，决不可在这些方面为了减少成本而降低标准。

7. 市场法则

法则内容：1：8：25。1个人如果对安全生产工作满意的话，他可能将这种好感告诉8个人；如果他不满意的话，他可能向25个人诉说其不满。

市场法则本质上是安全文化和安全形象建设的指导法则。安全管理就是要不断地加强安全文化建设，创新安全环境、安全氛围，提升员工的安全责任、安全意识和安全技能，提高员工对安全的满意度。该法则也说明，安全生产工作中好事不出门，坏事传千里，安全事故影响大、影响坏、影响时间长。

在研学旅行安全工作中，每一个学生都是一个学校和承办方安全形象的传播者。研学旅行过程中的安全事件会严重影响各方特别是承办方的管理形象。一个具有负面效应的安全事件所产生的影响，需要付出三倍甚至更多的努力来弥补。

8. 慧眼法则

法则内容：解决问题的方法值1美元，而诊断问题产生的原因值9 999美元。

许多年以前，福特汽车公司一大型电机发生故障，很多技师都不能排除，最后请德国著名的科学家斯特曼斯进行检查，他在认真听了电机自转声后在一个地方画了条线，并让人去掉16圈线圈。调试之后电机正常运转。他随后向福特公司要1万美元作酬劳。有人认为画条线只值1美元而不是1万美元，斯特曼斯在单子上写道：画条线值1美元，知道在哪画线值9 999美元。在安全隐患的排查上确实需要"9 999美元"的慧眼。

慧眼法则强调了安全风险识别的重要性。安全管理人员要了解掌握本单位生产实际和安全生产管理现状，熟知与本单位生产经营活动相关的法律法规、标准规范、安全操作规程和事故案例，造就一双"慧眼"，能够敏锐地识别安全风险，结合本单位实际，熟练、准确地发现安全问题和隐患所在，采取措施，及时排除问题和隐患，不断改进和加强本单位的安全生产工作。

在研学旅行安全管理中，管理人员和从业人员都要熟练掌握安全风险识别的专业知识，提高安全风险识别的能力，练就一双能够识别风险的"慧眼"，及时辨别风险隐患，找出风险隐患存在的原因，消除一切不安全因素，确保研学旅行的安全顺利。

9.多米诺法则

法则内容：在多米诺骨牌系列中，一枚骨牌被碰倒了，则将发生连锁反应，其余所有骨牌相继被碰倒。如果移去中间的一枚骨牌，则连锁反应被破坏，骨牌依次被碰倒的过程被中止。事故的发生往往是由于人的行为、设施、设备、管理以及环境等诸多因素同时存在缺陷造成的。如果消除或避免其中任何一个缺陷的存在，中断事故连锁反应的进程，就能避免事故的发生。

多米诺法则强调了安全风险监控的重要性。在安全生产管理中，就是要采取一切措施，想方设法，消除一个又一个隐患。其中，减少人的不安全行为，提高人的安全意识是投入相对节省的途径，企业应不定期组织各种形式的安全培训工作，开展多种形式的安全教育活动，并对取得的效果进行评价分析。在每个安全隐患消除的过程中，消除了事故链中的某一个缺陷，可能就避免一起重大事故的发生。

在研学旅行过程中，通过专业的风险监控，对研学旅行进行全程的风险监测与风险控制，对不能完全消除的风险因素进行全程密切监控，及时识别行程中新的风险，并对各类风险因素进行有效控制。安全事故的发生往往是多个隐患或失误积累的结果，一个又一个的失误和风险隐患构成导致事故的因果链条。每一个失误和隐患都是一张多米诺骨牌，只要通过密切的风险监控，消灭掉诱发事故的风险隐患，避免工作失误，就相当于抽掉了事故因果链条中的一个个骨牌，安全事故就不会发生。

10. 南风法则（温暖法则）

法则内容：在安全工作中，有时以人为本的温暖管理的效果会胜过严厉无情的批评教育。这一法则源于一个故事：北风和南风比威力，看谁能把行人身上的大衣吹掉。北风呼啸，凛冽刺骨，结果行人把大衣裹得更紧了；而南风徐徐吹动，行人感觉春意融融，慢慢解开纽扣，继而脱掉大衣。

南风法则是一项应用广泛的管理学法则。在安全生产工作中，安全培训、安全管理要以人为本，讲究实效，注重方法，要因人而教，因人而管。决不能生冷硬粗，以罚代管，以批代管，更不能放手不管。在安全培训管理上，就是把工作做到员工心里，创新方式，确保实效。

在研学旅行课程实施中，面对未成年的学生，安全管理更要多运用南风法则。在学生安全管理中，惩戒不是主要手段，更不是目的。要从真正关心、关爱学生的角度出发，多提醒、多沟通、多教育，让学生学会爱护自己，对自己负责，体谅他人，关爱他人，学会安全知识，掌握安全技能，提高自我保护的意识和自我保护的能力，这才能从根本上防范安全事故发生。

11. 桥墩法则

法则内容：大桥的一个桥墩被损坏了，上报损失往往只报一个桥墩被损坏，而事实上很多时候是整个桥梁都报废了。

安全事故分析往往只分析直接损失、表面损失、单一损失，而忽略事故产生的间接损失、潜在损失、全面损失。实际上，很多时候事故产生的损失和破坏是巨大的、长期的、潜在的。所以，可能任何一个安全事故产生的损失，只是看到了其冰山一角，更大的损失我们无法计算。安全工作就是要尽可能地追求不发生事故，不产生损失，这就需要持之以恒、永不懈怠，一点一滴从自己做起。

桥墩法则揭示了安全事故的损失测算方法。安全事故的损失绝不只是直接损失。直接损失通常只是事故善后处理时进行责任认定的参考标准，而实际上安全事故的间接损失和潜在损失往往更为严重。就研学旅行而言，重大的安全事故无论对于主办方还是承办方来说，都可能是无法承受的灾难。

二、研学旅行安全工作原则

1. 一把手负责制原则

无论哪一个行业，安全都应该是一把手工程。无论是主办方还是承办方，主要负责人必须全面负责研学旅行的安全管理。主要负责人对安全工作应负有全方位和全过程的安全管理责任。

（1）安全管理要实现全方位覆盖。主要负责人必须从制度建设、人员培训、过程管理、处置问责等各方面加强研学旅行安全建设，进行安全管理。

（2）安全管理要实现全过程覆盖。主要负责人对研学旅行安全的监管必须贯彻从启程到结束的全过程，要随时了解掌握研学旅行过程中研学带队教师履行职责的情况，及时协助处理行程中遇到的各种问题，随时监控安全风险。

（3）在研学旅行结束后，应该对研学旅行过程中的安全管理情况进行总结和评价。

2. 全员安全教育培训原则

研学旅行是一门跨界、跨领域的课程，无论是主办方还是承办方的从业人员，原有的知识结构和能力结构都无法满足课程实施的要求。特别是安全风险管理方面的专业知识，是主办方和承办方人员原来很少涉及的专业领域。研学旅行主办方和承办方必须对本单位从业人员进行安全法律法规和安全专业知识，以及安全技能等方面的教育和培训。

3. "四不伤害"原则

在研学旅行课程实施过程中要教育研学旅行全体成员做到不伤害自己、不伤害他人、不被他人伤害、保护他人不受伤害。

（1）不伤害自己

学生在研学旅行过程中要学会做自己安全管理的第一责任人，切实执行安全注意事项的相关要求，特别是不要做注意事项中明令禁止的事情，保护自己免受伤害。

（2）不伤害他人

研学旅行是集体生活和学习的实践课程，在课程实施中，自己的行为不能给他人造成伤害。比如在拥挤的环境中要约束自己的行为和动作，不要妨碍身边的人。在陡峭的山坡环境下要注意自己的随身物品和脚下石子，防止落石或落物对下方的人造成伤害。在岸边和船上不与他人打闹，以免造成伤害等。在拓展训练时要相互配合，要顾及他人的安全。

（3）不被他人伤害

不被他人伤害，即每个人都要加强自我防范意识，学习过程中要避免他人的过失行为或各类隐患对自己造成伤害。

注意观察学习环境中的不安全因素，要加强警觉，一旦发现险情要及时制止和纠正他人的不安全行为并及时消除险情，避免因他人失误给自己带来伤害。一旦发现周围人有违反安全管理规定的现象，要敢于抵制，及时果断处理隐患并报告，如果只想着"事不关己"，不及时制止，一旦发生事故，就有可能危及自己的安全。

（4）保护他人不被伤害

团队中的每个成员都是团队中的一份子，作为团队的一员有关心爱护他人的责任和义务。每个成员不仅要注意自身安全，还要保护团队的其他人员不受伤害。

要保护他人不受伤害，应该做到以下几方面：发现任何事故隐患都要主动告知或提示他人并及时报告带队老师；提示他人遵守安全注意事项；提出安全建议，互相交流，向他人传递有利于安全的信息；视安全为集体荣誉，为团队贡献安全知识，与其他人分享经验；关注他人身心健康；一旦发生事故，在保护自己的同时，要主动帮助身边的人摆脱困境。

4. "四不放过"原则

发生研学旅行安全事故后原因分析不清不放过，事故责任者和师生员工没有受到教育不放过，没有完善防范措施不放过，有关责任者没有追究责任不放过。

（1）事故原因分析不清不放过

分析事故原因是深入总结经验教训，有效改进工作的前提。不分析清楚事故原因，就不可能总结出真正有用的经验，就很难保证在以后的工作中不犯同样的错误。

（2）事故责任者和师生员工没有受到教育不放过

避免事故的发生是安全管理的最终目的。但事故本身又是安全教育的最好的反面教材。对于已经发生的事故，事故责任者首先要深刻反思，接受教训，同时，主办方的全体师生以及承办方的从业人员也要从身边的现实案例中接受教育，树立安全意识，学习安全知识，提高安全能力。

（3）没有完善防范措施不放过

事故发生后，各方要根据事故分析的结果，完善各类安全防范措施，扎紧安全防护的篱笆，确保以后研学旅行课程的安全实施。

（4）有关责任者没有被追究责任不放过

必须对事故安全责任人进行追责。追究责任不是目的，是一种管理手段，对于责任者本人也是一种不可替代的教育措施，对于其他人可以起到警示作用，能够警示所有人员切实负起安全责任，坚决杜绝同类事件的发生。

5."五同时"原则

研学旅行课程实施的有关各方要在研学旅行课程招投标、线路勘察、课程设计、课程实施和课程评价的五个阶段同时规划安全注意事项、安全防范措施、安全应急预案的制订以及安全风险监控措施和安全责任追究制度。确保安全管理工作贯彻研学旅行工作的全过程。

第三节　研学旅行风险管理

一、风险和风险管理

1.风险及其特点

风险，即可能发生的危险。风险的高低，取决于预计的损失的大小和发生损失的可能性。

风险的构成要素包括风险因素、风险事故和损失。

风险因素是指引起或增加某一风险事故发生的机会或促使扩大损失程度的原因和条件，是风险事故发生的潜在原因，是造成损失的间接原因。

风险事故是指引起生命财产损失的直接的或外在的事件。没有风险事故的发生就不可能有损失的发生。因此，风险事故是导致损失的媒介物，即风险事故使风险由可能性转化为现实性。

损失是指非故意的、非预期的和非计划的经济价值的减少和消失。一般情况下损失分为两种形态。直接损失是指由风险事故导致的财产损失和人身伤害，是一种实质的、直接的损失。间接损失是指由直接损失引起的额外费用损失、收入损失、责任损失。

风险具有如下特点：

（1）风险的客观性

风险是客观存在的，任何行动的结果都不可能事先完全确定，总有不确定的影响因素存在，可能对预计的结果产生不利的影响。从统计学的角度来看，任何行为都存在风险，任何风险都有存在的概率，只是概率的大小有所不同而已。

（2）风险的主观性

风险识别都是由人来完成的，对风险的评估情况也因人而异，具有一定的主观性。由于个人的专业知识水平、实践经验等方面的差异，不同的人对同一风险识别的结果会有较大的差异。

（3）风险的不确定性

风险不是一定会发生的损失或收益，只是有可能发生的损失或收益。必定会发生的损失或收益，即使还未发生，也不再是风险，因为结果已经确定。因此，如果某项决定的结果是确定的，则不论将要产生的结果是损失惨重还是收入丰厚，都不再存在风险。所以，某项行为或决定是否有风险，取决于其是否可能带来损失或收益。而与这种可能性相伴随的就是风险的不确定性。

（4）风险的复杂性

每一种风险都有自己的不同之处，没有完全一致的风险。尤其是研学旅行由于其学习资源的复杂性，影响因素多，又相互交叉，风险因素和风险事件关系复杂。

2. 风险管理

风险管理是指如何在一个肯定有风险的环境里把风险减至最低的管理过程。风险管理的基本目标是以最小的成本收获最大的安全保障。风险管理是一个动态的、循环的、系统的、完整的过程。

（1）风险识别

风险识别是对所面临的以及潜在的风险加以判断、归类整理，并对风险的性质进行鉴定的过程。风险识别主要包括风险感知和风险分析两方面内容。风险感知是指通过感性认识和经验对风险所做出的判断，风险分析是指依靠各种客观的统计资料对风险进行分析、归纳和整理，判断各种风险的损害情况。

（2）风险估测

风险估测是指在风险识别的基础上，通过对所收集的大量的详细资料加以分析，估计和预测风险发生的概率和损失程度。风险估测的内容主要包括风险频率和损失程度两个方面。风险频率是指风险事件在确定时间内（如一年、一月或一周）发生的可能性，即频率的大小。损失程度是指风险可能造成的损失的严重性。

（3）风险评价

风险评价是指在风险识别和风险估测的基础上，结合风险发生的频率、损失程度及其他因素进行全面考虑，评估发生风险的可能性及危害程度，并与公认的安全指标相比较，以衡量风险的程度，并决定是否需要采取相应的措施。

（4）风险控制

风险控制是指风险管理者采取各种措施和方法，消灭或减少风险事件发生的各种可能性，或者减少风险事件发生时造成的损失。

风险控制的四种基本方法是：风险回避、损失控制、风险转移和风险保留。控制风险的最有效方法就是制订切实可行的应急方案，编制多个备选的方案，对活动所面临的各种风险做好充分的准备。风险事件发生后，按照预先的方案实施，可将损失控制在最低限度。

（5）风险管理效果评价

风险管理效果评价是分析、比较已实施的风险管理方法的效果与预期目标的契合程度，以此来评判管理方案的科学性、适应性和收益性。风险管理效益的大小取决于是否能以最小风险成本取得最大安全保障，同时还要考虑与整体管理目标是否一致以及具体实施的可能性、可操作性和有效性。风险管理是一个周而复始的管理过程，根据对活动过程实际发生的状况所做的记录信息进行总结评估，并依据评估结果修正以后的安全控制手段，提高风险管理水平，是风险管理效果评价的重要目的。

风险管理效果就是获得安全保障与成本的比值，该比值越大，效益越好，当效益比值大于1时，该风险管理技术可取。

二、研学旅行风险的特征及风险管理

1. 研学旅行风险的特征

研学旅行风险是指在研学旅行课程实施过程中获得或失去某种有价值事物的可能性。

鉴于研学旅行课程资源的复杂性以及课程实施的真实体验性特征，研学旅行风险也呈现出复杂特征。在研学旅行课程实施过程中，我们既要认识风险的特性，又要运用风险的激发作用，同时也要设法尽量规避和消除、减少风险伤害。因而，全面了解研学旅行风险的特征对于规范实施研学旅行课程十分重要。

（1）客观性

研学旅行风险是研学旅行课程实施的资源、环境、交通、气象条件、场馆设施、基地装备等客观事物和人的活动交叉发展变化过程中所固有的，只要实施研学旅行课程，其风险就不可避免地存在。我们可以通过风险管理将风险控制在人们能够接受的范围，但不可能使研学旅行风险的概率等于零。所以，对于风险必须给予足够的重视，绝对不可存有侥幸心理。

（2）潜在性

由于研学旅行课程资源的复杂性，研学旅行风险类型也是多元复杂的，有些风险往往不容易察觉，正是风险的这种潜在性，使得研学旅行课程实施中更易蒙受各种损失。但是，是否真的蒙受损失却是有条件的，只有促使风险事件发生的条件或者环境变成现实时，研学旅行风险才从潜在状态转化为现实，成为安全事件。

（3）相对性

研学旅行课程实施过程的风险与行为主体所实施的学习项目、自身的能力、旅行与户外活动经验、行为方式和决策密切相关。同一风险事件对不同的行为主体会带来不同的结果，比如低年级学生和高年级学生，同一风险事件所可能造成的结果就会显著不同；就同一行为主体而言，如果行为方式、决策和风险控制措施不同，也会面临不同的风险结果；不同的行为主体对待同一风险的感知和态度也可能是不一样的。研学旅行是在研学指导教师团队管理下的课程实施行为，研学旅行指导教师团队对研学旅行风险的预见和风险管理能力的不同，也会产生不同的风险结果。因此，研学旅行风险具有相对性。

（4）损益性

研学旅行课程中的风险是和潜在的收益共生的。如果风险超出行为主体所能承受的范围，就可能带来伤害甚至灾难性的后果；如果将研学旅行风险控制在行为主体所能承受的范围之内，则可以让行为主体即学生在课程实施过程中挑战自我、磨炼意志，从而获得快乐、自信与成就感。

2. 研学旅行的风险管理

研学旅行风险的客观性决定了风险不可避免地存在，一旦出现问题，就有可能造成严重的损失。因此必须建立系统化的风险管理制度。研学旅行风险管理就是基于对风险发生和控制技术的研究而具体实施的安全管理。通过风险识别、风险评估，并在此基础上优化组合各种风险管理技术，对研学旅行安全风险实施有效的控制，妥善处置风险所带来的损失，以保护师生在研学旅行课程实施过程中的安全，以期达到以最低成本获得最大安全保障的目标。

研学旅行课程实施中的风险管理目标包括：一是防患于未然，使风险最小化，即规避风险，避免险情和损失的发生或降低险情和损失发生的可能性，这是研学旅行风险管理的根本目标。研学旅行课程设计时结合线路勘察所制订的安全注意事项以及各类安全防范措施，都是基于这一目标的风险管理的重要内容。二是损失最小化。研学旅行风险的客观性和研学旅行学习资源以及课程实施条件的复杂性决定了无论防范措施如何严密，风险事件的发生都不可能完全杜绝。风险管理的另一个重要目标就是在风险事件发生时，将事件所造成的损失降低到最小。科学有效的安全应急预案就是基于这一目标的风险管理的重要内容。

在研学旅行课程实施的过程中，由于存在各种内部和外部的不确定因素，如天气条件的恶化耽搁行程，有可能无法完成预期的教学目标，这也是一种研学旅行风险，即不能完成预定的教学任务的风险。因此每次研学旅行课程实施时必须对各种严重影响课程实施的风险进行分析和控制，制订相应的教学应急预案，及时采取必要的措施，确保课程实施的完整性。

在研学旅行课程实施过程中通过风险管理完全消除灾祸或严重伤害是不现实的。但客观上，通过科学严密的风险管理，在有效控制下的研学旅行中事故发生率实际上是很低的。因此，通过制订科学严密的风险管理制度体系和风险管理技术措施，使研学旅行中致命性和致残性伤害的发生率降低到最低值，这一点至关重要。只有研学旅行安全问题得到有效解决，研学旅行才能健康可持续发展。为了达到这个目的，既要加强风险管理，也要普及安全教育，不断提高师生的风险意识。

随着研学旅行的课程化，中小学参加研学旅行成为基础教育改革的重要内容，研学旅行也成为实施素质教育，全面落实中小学生核心素养标准的重要载体。研学旅行的迅速发展，使其所面临的风险因素也显著增加，而且在不断变化。任何风险管理方法都不可能监控或消除所有的风险，研学旅行的组织者必须充分认识到风险管理的重要性，通过建立适当的内部控制系统，采用科学的风险管理方法，并不断随着风险因素的变化而进行调整。只有这样，才能减少和控制风险因素的影响，将损失控制在可以承受的范围内，从而实现研学旅行的健康和可持续发展。

三、研学旅行风险管理的制度体系

1. 研学旅行风险管理的责任机制

研学旅行课程实施通常是由教育、文化和旅游等行业的从业人员组成的教学团队共同完成的教学活动，是必须通过主办方、承办方、供应方和保障方紧密合作才能确保课程安全顺利实施的实践课程。所以，构建责任分明、衔接有效、组织严密、配合有序的风险管理责任机制是研学旅行风险管理的基础。

（1）研学旅行风险管理的宏观管理机制

①研学旅行风险管理的纵向管理机制

研学旅行的主办方、承办方、供应方和保障方分别从属于不同的行业，有不同的行业主管机构，这就决定了研学旅行风险管理的高度复杂性。研学旅行的安全保障和风险管控必须由各方各司其职、通力合作才能得到有效保证，这也是《关于推进中小学生研学旅行的意见》是由教育部等11个部门共同签署发布的原因。研学旅行从业各方的主管机构应该在自己的责任范围内建立安全管理责任体系，建立和完善本行业内与研学旅行风险管理相关的责任机制。行业主管部门和行业协会分工协作，建立风险管理标准和风险管理制度，建立行业内的监督和问责机制，并指导行业内的研学旅行相关方与其他合作方的协调与合作。

教育主管部门应建立对学校研学旅行风险管理的监控与问责机制，并协调教育系统相关行业协会和学术机构，一同制定研学旅行风险管理的责任体系和技术标准。

文化和旅游主管部门应建立对旅行社、景区、研学实践基地、各类场馆、酒店等从业单位的研学旅行风险管理的监控与问责机制，并协调本系统相关行业协会和学术机构，一同制定研学旅行风险管理的责任体系和技术标准。

其他如交通、食品卫生、保险、医疗等行业的主管部门，均应负责对本系统内与研学旅行相关的参与方建立研学旅行风险管理责任机制。

② 研学旅行风险管理的横向管理机制

研学旅行是多方合作的实践课程，研学旅行风险管理也必须由各方共同完成。各方所制定的风险管理责任机制和风险管理技术标准必须相互衔接、协调一致、责任分明。为达成这一风险管理目标，必须构建有效的横向管理机制，协调从业各方，共同确保管理机制的有效落实。作为主办方的学校及其主管机构的教育行政部门，应该承担其横向协调与管理的重要责任。研学旅行作为一门课程，实施的主体应该是学校，其他所有各方都是为学校课程实施服务的，必须满足学校对课程实施的要求。所以，教育行政部门应承担起协调其他各方共同建立风险管理责任体系的重要责任。

（2）研学旅行风险管理的微观管理机制

所谓研学旅行风险管理的微观机制也就是风险管理的执行机制，是指研学旅行指导教师团队的每个人所承担的风险管理责任以及指导教师团队监控各供应方落实风险管理责任的机制。研学旅行风险管理的微观管理责任机制强调责任执行与责任衔接。每个成员都应明确自己所承担的安全责任，能够预见即将实施的研学活动中可能存在的风险；能够识别正在进行的研学活动中存在的安全风险；能够科学有效、及时迅速地按照事先制订的预案或经验采取处置措施；能够按照责任衔接要求与其他成员协调配合，有序处置险情。所以研学旅行风险管理的微观机制必须具体、明确、可操作，要对现场不同身份的成员的责任明确界定，并特别明确各方在预见、识别、评估和处置险情时的主次责任和协调责任。

2. 研学旅行风险管理的监控机制

研学旅行风险监控是通过对研学旅行课程风险管理全过程的监测和控制，通过密切监控研学旅行课程实施过程中风险因素的变化，及时准确预测可能造成的损失，采取有效措施对风险条件加以控制，以保证研学旅行风险管理达到预期目标。研学旅行风险监控包括风险监测和风险控制。

研学旅行风险监测是指研学旅行课程实施过程中对风险因素进行跟踪，监视已识别的风险和残余风险，识别进程中新的风险，并在实施风险应对计划后评估风险应对措施对减轻风险的效果。

研学旅行风险控制是在风险监测的基础上，实施风险管理规划和风险应对计划，对风险采取有效管控措施，并针对实际情况所发生的变化，重新修正风险管理规划或应对措施，对风险因素消失或减小到可以忽略不计的情况，以及对新发现识别的风险进行风险管理的调整。

研学旅行风险监控机制主要包括监控责任主体和监控实施流程两方面的内容。

（1）风险监控责任主体

监控责任主体即风险监控的实施者。研学旅行风险监控的实施者是一个团队，团队人员必须密切配合，共同完成风险监控职责。在团队内部，也要有相应的成员间的责任分工和协作机制。比如在课程实施阶段，研学导师团队中承办方的项目组长和主办方的领队分别为双方的风险监控第一责任人，他们必须根据各自的岗位职责分工协作。

研学旅行风险监控是贯穿研学旅行课程行前、行中和行后全过程的风险管理措施，研学旅行风险监控的责任主体在研学旅行过程的不同阶段，其风险责任主体也会有所不同。在研学旅行课程设计和招标阶段，主办方负责招标文件编制的责任人，应该承担对风险监控提出具体要求的职责，在课程招标评审阶段，评标委员会应该对投标方提供的课程实施中的风险管理措施进行审定和评价，从源头上管控由于课程设计和研学资源选择所带来的风险。承办方是课程设计和投标工作的负责人，是承办方的风险监控责任人，应该负责对课程资源的风险进行识别和监控。

（2）风险监控实施流程

一般来说，研学旅行风险监控主要包括四方面工作：研学旅行即将面临的风险条件的预测、课程实施当前条件中风险因素的识别、当前条件与预测风险条件的比对、拟定执行预定风险管控规划的具体措施或根据风险条件的变化对预订风险管理规划做出修正。

具体来说主要是制订监控的方法、时间和工作安排，提供关键风险类别、风险应对措施等监控的具体内容和对象，并对新的风险进行分析，根据新的风险因素对风险管理规划适时调整。风险监控是一个循环的过程，风险监控过程要对计划、评估、决策、监控不断交替应对处置，确保研学旅行课程正常实施和顺利进行。

具体来说，研学旅行风险监控流程一般包括：

① 根据研学旅行课程的学习资源类型和课程实施的背景条件，预研和识别课程实施过程中可能存在的各种风险，按照风险因素的类别进行分析，并评估其风险值，对照制订风险管理决策，并对各方面的风险因素进行监控。

② 在课程实施过程中进行实时信息收集，分析识别可能会出现的新风险，随时进行风险值评估，修正风险管理决策工作。

③ 根据检测到的风险条件的变化情况，判断风险所达到的严重程度，并根据检测结果及时启动相应等级的风险预警，实施相应的风险管控措施。

④ 如果检测到风险向事故转化，根据响应条件启动安全应急预案，把事故的损失降到最低。

⑤ 在风险消失或风险事件处置结束后，根据对监测与管控过程和措施实施效果的评估，修正风险监控方案。

3. 研学旅行风险管理的预警机制

（1）研学旅行风险预警及预警系统的特点

研学旅行风险预警是根据研学旅行课程实施的实际情况及风险管理者的经验，合理划分风险预警区间，判断风险量处于正常状态、警戒状态还是危险状态。研学旅行的预警系统要求存在风险的各个环节都参与风险的预警，保证预警系统信息传递的畅通。研学旅行风险预警系统是一种全域性、全程性、全员性风险管理体制。

研学旅行风险预警系统具有全域性特点。研学旅行风险预警应覆盖课程资源所涉及的全部场域，只要是学生在课程实施中所能触及的场域，都要针对环境所潜在的风险建立预警机制，纳入预警系统。

研学旅行风险预警系统具有全程性特点。研学旅行风险监控涵盖研学旅行行前、行中、行后的全过程，相应的预警系统也要涵盖研学旅行的全过程。

研学旅行风险预警系统具有全员性特点。研学旅行风险既有环境、气象、保障设施等物的因素，也有学生、教师、承包方和供应方从业人员等人的因素。所以研学旅行风险预警系统必须针对来自所有人员的风险制订应对措施。

（2）研学旅行风险预警的等级划分

对研学旅行风险预警进行等级划分是为了能够做到对可能发生的事故

及事故的危险区间提前发出预测和预警信息，防止或避免其发生；对已经或即将发生的事故发布报警信息，减少事故损失，保护研学旅行团队所有成员（首先是学生）的安全，控制事故损害的进一步发展。根据研学旅行课程学习资源的安全隐患的来源，提出对应的预警要素，包括气候气象风险预警、地质风险预警、供应方的技术和素质风险预警、交通风险预警、课程管理风险预警等。研学旅行风险预警可以实时监测气象、地质、交通、环境、教学场地、教学对象与实施者等风险因素，并与安全指标数据进行对比分析，并预测可能引发的各种严重风险事故，同时根据可能产生危害程度的不同，发出不同级别的警报。在没有研学旅行安全指标数据比对的情况下，课程实施者可以参照户外教育和旅游行业的指标数据，或者根据经验发出不同级别的预警警报。

研学旅行风险预警可以参照气象灾害预警分级、金融风险预警分级方法，结合研学旅行风险的类型，把研学旅行风险预警分为Ⅴ级（绿色）、Ⅳ级（蓝色）、Ⅲ级（黄色）、Ⅱ级（橙色）、Ⅰ级（红色），预警结果相应为较低风险、低风险、较高风险、高风险、非常高风险五个等级。风险预警评价Ⅴ级和Ⅳ级属于低风险区间可以被接受，要稍加注意；Ⅲ级和Ⅱ级属于中风险区间，必须采取有效应对措施，并实时监控；Ⅰ级属于非常高的风险区间，此范围中，即使发生概率低，也要高度注意，并防范事故发生。

4. 研学旅行风险管理的决策机制

风险管理决策即风险处理手段的选择，是风险管理的核心和重点。风险管理决策直接影响风险管理的成效，贯穿着风险管理的始终，其目标是实现以最小的成本获得最大的安全保障。通常风险管理的处置方法有很多，从中选择一个最佳的方案，从而制订出处置风险的总体方案。

风险管理决策的基本流程包括：

（1）信息分析，识别各种风险的存在、性质和估计风险的大小。

（2）针对某一具体的客观存在的风险，拟定几种风险处理方案。

（3）运用一定的决策手段选择一种最佳处理方案或某几种方案的最佳组合。

（4）最后根据风险的不确定性，对选择的方案进行评价和修正。

风险处置的方法很多，常用方法有风险规避、风险自留、风险转移、防损和减损，建立安全风险基金等。

（1）风险规避

风险规避是指中断风险源，遏制风险事件的发生，主动放弃或终止部分或全部课程的实施，从而避免承担风险。面对灾难性风险时，采用回避风险的方式处置风险是比较有效的，但是研学旅行风险不可能都采用风险规避的处置方法。研学旅行课程实施中的适当风险也是培养学生坚毅品质的不可或缺的学习内容。风险规避是一种消极的风险处理方式，是在研学旅行课程实施中面对极端情况时所采用的处置方法。

（2）风险自留

风险自留指的是风险保留在风险管理的主体中，通过采取内部控制措施等，化解风险或者对这些保留下来的风险不采取任何措施。在风险管理中，通是三种情况下采用风险自留：一是当风险无法规避或转移时，被动地将风险留下来；二是经估算认为风险程度较小，不会造成太大影响时，主动保留风险；三是没能准确把握风险，于是将其保留下来。无论是哪种情况，风险自留后都要采取有效措施控制风险的聚集和扩散。控制风险源和风险因素在空间和时间上的分布，限制风险扩散的速度。另外把风险源与可能受到风险损失的人、财、物隔离，减少风险汇聚和扩散的载体。

（3）风险转移

风险转移是指通过一定途径将风险转嫁给其他承担者，把自身所承担的风险朝着减少或减轻的方向转移。例如研学旅行主办方在招标过程中制订安全风险责任的特别说明，通过签署安全责任协议的方式把安全责任风险转移给承办方，承办方通过向保险公司投保把风险部分转向保险公司等。

（4）防损和减损

防损和减损是采取各种预防措施杜绝风险的发生，或者风险事件发生后，通过有效措施控制风险损失的蔓延，降低损失的程度。

（5）建立安全风险基金

安全风险基金是通过政府投入、社会募集、企业赞助等多渠道为研学旅行安全风险筹集的，是消解研学旅行安全风险的备用基金。它能降低行业风险，为研学旅行的健康发展保驾护航，化解行业主管部门和从业机构的安全管理风险。

第一节　研学旅行安全的行政管理保障体系

研学旅行安全保障的两大管理责任主体分别是教育行政部门和文化和旅游行政部门，研学旅行安全管理的核心要素包括制度、标准、人员和课程。无论是教育行政部门还是文化和旅游行政部门，都必须从制度建设、标准建设、人员培训和课程管理等方面建立完善行政管理保障体系。

一、教育行政部门的研学旅行安全管理

1. 制度建设

（1）研学旅行工作方案

各省、自治区、直辖市教育厅（教育委员会）要根据教育部等11部门《关于推进中小学研学旅行的意见》制订本省推进中小学研学旅行工作的实施方案，地市、区县级教育行政部门要根据教育部和本省（市、自治区）文件精神制订辖区内研学旅行工作方案。

研学旅行工作方案应该对研学旅行工作的指导思想、工作原则、教育目标、教学任务、工作规范、安全管理、考核评价等内容做出具体要求，并把研学旅行安全管理情况作为考核评价的首要指标。

（2）审核备案制度

地市、区县教育行政部门要建立研学旅行工作审核备案制度。学校开展研学旅行要提前向主管部门申报研学旅行工作方案。

① 招标文件审核

教育主管部门要负责对所辖学校的研学旅行招标方案进行审核把关，严格执行国家有关招投标的法律规定。经过审核批准的招标公告可以在教育主管部门和学校的官方网站上发布，未经审核批准的招标公告不得发布。招标公告的审核必须坚持合法、公正、公开、公平的原则，坚决杜绝招投标环节出现不规范甚至暗箱操作等违规违法行为。要把招标方案和招标公告中关于研学旅行安全的条款作为重点审核的内容。

② 安全预案审核

学校必须有科学规范的研学旅行安全工作综合预案和专项预案。

综合预案是总体、全面的预案，主要阐述应急救援的方针、政策，应急组织机构及相应的职责，应急行动的总体思路、预案体系、响应分级、响应程序、事故预防、应急保障、应急培训、预案演练等，是应急救援工作的基础和总纲。

专项预案是指主要针对某种特有或具体的事故、事件、灾难风险出现的紧急情况制订的救援预案。具体包括：自然灾害类、事故灾难类、公共卫生事件类、社会安全事件类四大类型。

教育主管部门要根据国家于2013年颁布的《生产经营单位生产安全事故应急预案编制导则》（GB/T 29639-2013）的有关要求，对学校提交的安全预案进行严格审查。

学校在进行研学旅行招标时要明确要求承办方提交课程实施的安全预

案，并在招标工作结束后将其和中标课程一起提交给教育主管部门，教育主管部门负责对安全预案进行审核，并对预案审核通过的课程进行备案。

（3）安全预警与报告制度

地市级教育行政部门要负责建立安全预警机制，实行安全预警等级制度。学校在研学旅行课程实施过程中要向教育主管部门按照规定进行安全报告。安全报告可以采用每日报告制度，也可以采用依照安全预警等级制度实行事故报告制度。

安全报告可以建立常规报告渠道和紧急报告渠道。常规报告渠道可以通过网络平台进行安全信息报告。紧急报告渠道是教育行政部门和学校设立研学旅行安全联系人，紧急情况下通过联系人电话报告的渠道。教育行政部门和学校的研学旅行安全联系人必须相互保持电话畅通，随时准备应对突发事件。

（4）责任认定制度

教育行政主管部门应组织协调教育、文化和旅游、安监、法律、交通、卫生等相关方面的专业人士，主持制定安全责任认定制度。明确界定研学旅行工作各方的安全职责，制定安全事故责任认定的工作流程和工作标准，推动研学旅行安全工作行政法规的制定，为研学旅行安全立法，建立研学旅行安全保障与责任认定的法律体系。

（5）市场准入制度

地市级教育行政部门应建立研学旅行市场准入制度，明确界定可以承办学校研学旅行课程实施的旅行社及其他研学旅行专业机构的资质条件，严格规范承办方、供应方的从业行为，确保研学旅行课程实施的安全规范。

建立黑名单制度，将在研学旅行从业过程中发生重大安全事故的承办方和供应方列入黑名单，取消或限制其在辖区内承办和参与研学旅行业务的资格。

建立白名单制度，将在从事研学旅行业务中表现优秀，特别是安全保障工作表现优秀的承办方和供应方列入白名单，供学校在研学旅行招标时优先选择。

只有列入白名单的承办方和供应方，在研学旅行招投标时才具有参加招标或议标的资格。这样可以最大限度地降低学校和承办方在研学旅行招投标工作中进行违规操作的可能性。

2. 标准建设

（1）学校研学旅行工作规范

地市级教育行政部门应该负责建立学校研学旅行工作规范，对学校开展研学旅行工作给予全方位、全过程的操作指导。

学校研学旅行工作规范应该在学校研学旅行制度建设、师资培训、课程建设、招投标、合作协议等各方面制订规范性要求；对研学旅行工作从招标、行前课程、行中课程、行后课程等全过程做出规范性指导意见。

（2）研学旅行从业人员能力标准

研学旅行主要从业人员大体由两类人员组成，一是教育系统的教师和学校教育主管人员，二是文化和旅游系统的旅游管理、导游、安全员等从业人员。

教育行政部门应制定教师和学校研学旅行教育主管人员的能力结构和能力标准，并依据标准研制研学旅行从业人员培训课程体系。

对于文化和旅游系统从业人员，教育行政部门要从市场准入的角度提出安全能力标准，对于直接面向学生进行课程实施的研学导师和安全员，要制定明确的从业能力标准。也可以与文化和旅游主管部门一起，制定旅游系统研学旅行从业人员的课程培训体系和岗位能力标准。

（3）研学旅行从业机构准入标准

研学旅行从业机构必须是在国家相关部门合法注册、具有独立法人资格的法律主体，如旅行社、青少年宫、行业协会、户外教育机构等。

（4）研学旅行实践基地建设标准

地市级教育行政部门应负责制定研学旅行实践教育基地的建设标准，组织辖区内研学实践教育基地的评审和认定，并推荐或组织申报省级、国家级研学实践教育基地。

对教育部门所属的研学实践教育基地，主管部门要督导基地按照建设标准完成建设任务，按照相关管理标准规范实施研学旅行课程，强化安全责任意识，全面落实安全管理要求。

3. 人员培训

教育行政部门要有计划地对教育系统内的研学旅行从业人员分类别、分批次地进行学校研学旅行管理人员培训、学校研学指导教师岗位能力培训。在培训课程体系建设中要把研学旅行安全管理和安全处置能力作为重要内容，在培训结束后应对从业人员的研学旅行管理能力和安全处置能力进行考核认定。

为规范研学旅行课程实施，确保旅游系统研学旅行从业人员的能力结构和能力标准符合教育规律和研学旅行课程规范，教育行政部门可以单独或与文化和旅游部门联合开展承办方研学旅行管理人员技能培训。

4. 课程管理

教育行政部门应引导学校进行研学旅行课程建设。在当前研学旅行课程尚不规范的情况下，教育行政部门可以组织关于研学旅行课程规范的专项培训，提高学校的研学旅行课程设计、课程评价和课程实施能力。

为促进学校研学旅行课程规范，可以组织优秀课程评选活动，以评促学，并遴选优秀课程作为示范。在评选优秀课程时，要把课程设计的安全要素作为评审的重要指标。

为促进学校尽快掌握研学旅行安全预案的编制规范，可以开展优秀安全预案评选。通过优秀安全预案评选，提高学校对安全预案的重视程度和安全预案的编制与实施能力。

二、文化和旅游行政主管部门的研学旅行安全管理

1. 制度建设

（1）研学旅行工作方案

各省、自治区、直辖市的文化和旅游厅可以根据教育部等11部门发布的《关于推进中小学生研学旅行的意见》和本省推进中小学研学旅行工作的实施方案，制定针对旅行社、景区、各类场馆、研学实践教育基地的研学旅行工作指导意见。地市、区县级文化和旅游行政部门要根据有关文件精神制定辖区内研学旅行承办方和供应方研学旅行工作方案，指导有关各方制定研学旅行工作规程。

文化和旅游行政主管部门制订的研学旅行工作方案要体现服务意识和标准意识。研学旅行的承办方和供应方是为主办方提供课程服务的，所以工作方案应符合教育系统的工作要求。文化和旅游行政主管部门制订的工作方案还要体现自身的行业优势，从文化和旅游专业的角度制定从业标准和工作规程，使研学旅行的安全管理更具有专业性和可靠性。

文化和旅游行政主管部门要把所辖研学旅行从业机构的工作纳入考核督导的工作范围。可以就研学旅行工作进行专项督导考核，也要把研学旅行工作的情况纳入常规考核的范畴，并把研学旅行安全管理情况作为考核评价的重要指标。对于在研学旅行过程中出现严重安全事故的从业机构，要按照相关规定给予处罚。

（2）审核备案制度

地市、区县文化和旅游行政部门也要建立研学旅行工作审核备案制度。研学旅行从业机构在中标并与研学旅行主办方签署合作协议后应该将合作协议、课程方案、安全应急预案向主管部门申报审核或备案。

文化和旅游行政主管部门要根据国家于2013年颁布的《生产经营单位生产安全事故应急预案编制导则》（GB/T 29639-2013）的有关要求，对从

业机构提交的合作协议和安全应急预案进行严格审查。

（3）安全预警与报告制度

文化和旅游行政部门要根据安全预警等级制度建立安全应急响应机制。研学旅行承办方和供应方要依据安全预警等级制度和安全应急响应机制向主管部门实行事故报告制度。承办方和供应方主管部门接到安全事故报告后要立即按照响应条件启动应急预案。

（4）责任认定制度

文化和旅游行政主管部门要配合教育主管部门制定安全责任认定制度。一起推动研学旅行安全工作行政法规的建立，推动研学旅行安全立法，推动建立研学旅行法律保障体系。

2. 从业机构工作标准建设

（1）从业机构工作规程

文化和旅游行政主管部门应该主持制定承办方、供应方等各类从业机构研学旅行工作规程，制定研学旅行工作和服务标准，规范从业机构和从业人员的执业行为。

（2）研学旅行从业人员能力标准

文化和旅游行政主管部门要制定文化和旅游系统研学旅行从业人员知识结构和岗位能力标准，特别是直接面向学生进行课程实施的研学导师和研学安全员，要制定明确的从业能力标准。

（3）研学旅行实践基地建设标准

文化和旅游行政主管部门应负责制定景区、营地及各类场馆的建设标准，特别是安全设施建设标准和团体接待的服务设施标准，确保研学旅行工作的安全有序。

3. 人员培训

文化和旅游行政主管部门要有计划地对研学旅行从业人员分类别、分批次地进行研学旅行管理人员培训、研学指导教师岗位能力培训和研学旅行安全员培训。在培训课程体系建设中要针对系统内从业人员的知识结构特点，重点加强教育学和心理学知识以及研学旅行安全管理和安全处置能力的培训，在培训结束后要对从业人员的研学旅行管理能力和安全处置能力进行考核认定。

4. 课程管理

为促进研学旅行从业机构开发研学旅行课程，文化和旅游行政主管部门可以组织开展优秀课程和精品线路评选活动，在评选优秀课程和精品线路时，要把课程设计和线路规划的安全要素作为评审的重要指标。

为促进研学旅行从业机构尽快掌握研学旅行安全预案的编制规范，文化和旅游行政主管部门可以单独或联合教育主管部门开展优秀安全预案评选。通过优秀安全预案评选，提高研学旅行从业机构的安全预案编制与实施能力。

第二节 研学旅行安全的责任单位保障体系

一、学校研学旅行安全管理机制

1. 研学旅行安全管理岗位责任制度

学校应建立研学旅行安全三级岗位责任体系。

（1）学校研学旅行工作领导小组

校长对学校研学旅行安全工作负有领导责任，为第一责任人。具体安全责任为：

第一，组织制订、审核学校研学旅行安全管理制度。审核学校研学旅行安全保障方案，审核学校综合应急预案和专项应急预案，审核承办方提交的课程方案和课程安全应急预案。

第二，指导学校研学旅行主管科室和研学旅行工作小组规范实施研学旅行课程、履行安全管理职责。

第三，落实研学旅行课程实施过程的安全报告制度，每日听取研学领队的安全报告，并及时指导研学导师团队的工作。

第四，发生安全事故时执行安全预案，调度指挥应急处置。

第五，对违规行为进行处置，对造成重大损失的行为进行责任追究。

（2）学校研学旅行工作小组

学校研学旅行工作小组通常主要由主管科室负责人、相关年级负责人组成，一般由分管校长任组长。具体安全责任为：

第一，负责制订学校研学旅行安全管理制度，制订学校研学旅行安全保障方案，制订学校综合应急预案和专项应急预案，初步审查承办方提交的课程方案和安全应急预案。

第二，具体组织实施研学旅行课程，制订针对每一次研学旅行课程实际情况的安全保障方案和专项安全预案，严格落实风险管理责任，全面履行安全管理职责。

第三，对研学旅行课程实施过程进行全程监控，与研学导师团队保持密切联系，及时指导处置各类偶发和突发问题。

第四，发生安全事故时根据预警等级响应条件执行安全预案，协助校长调度指挥应急处置。

第五，组织实施与安全相关的行前课程，对教师和学生进行必要的安全培训。

（3）研学导师团队

研学导师团队是一个研学旅行课程实施项目组。学校的领队和带队教师与承办方的研学导师一起组成研学导师团队，具体负责课程实施。学校的领队一般由一名学校的中层干部担任。学校研学导师团队的安全责任为：

第一，强化安全第一的意识，严格执行学校研学旅行安全管理制度，切实保障学生安全。

第二，承担安全监督责任。对承办方的课程实施情况进行全面监督，特别是课程实施过程中的安全管理情况，要与承办方团队及时沟通。

第三，与承办方团队一起对研学旅行课程实施全程进行风险监控，及时识别风险隐患，监控风险条件变化，随时根据风险变化调整风险控制规划。

第四，发生安全事故时根据事故情况启动应急预案，按照预案规定的处置规程及时采取现场处置，按照规定逐级报告。

第五，收集事故发生原因及处置的证据材料并进行证据固定，以便事故善后处理时使用。

2. 研学旅行安全管理培训

安全培训是学校研学旅行安全管理的重要内容。学校的研学旅行安全管理培训包括对教师的培训和对学生的培训。

（1）对教师的培训

① 研学旅行安全管理通识培训

第一，研学旅行风险管理知识培训。学校研学旅行带队教师应了解研学旅行风险的特征，掌握风险管理的专业知识，能够有效进行风险识别、风险评估、风险监控和风险处置，切实降低风险发生的可能性，在安全事故发生时，能够进行科学高效的应急处理，使损失降低到最低。

第二，研学旅行安全管理的基本措施。学校研学旅行带队教师要具备安全注意事项、安全防范措施和安全应急预案等安全管理措施的制订、评价和执行能力，学校应该对教师进行相关知识和能力的培训。

② 研学旅行课程实施过程中的组织管理能力培训

研学旅行的课程实施环境和条件，完全不同于教师所熟悉的课堂教学的环境，对教师管理学生的能力提出了更高的要求。通过学生管理知识培训，使学校研学带队教师掌握研学旅行过程中不同学习环境下的活动组织与管理技能，具备与承办方、供应方、学生、家长、当地民众的沟通能力，掌握集体活动中的协调能力，具备突发事件的应急处置能力，特殊学生的心理疏导能力，常见疾病与创伤的紧急处置能力等。

③ 研学旅行课程安全评价培训

学校带队教师在研学旅行课程实施过程中负有对承办方课程实施情况进行监督和评价的重要责任。要通过研学旅行课程培训，让教师掌握课程评价标准和方法，提高课程实施的监督和评价能力。

④ 研学旅行安全管理研究培训

研学旅行是一个新的课程形态，研学旅行安全管理也是一个新的学术领域。学校可以通过培训，提高教师的研学旅行安全管理学术研究意识和研究能力，为研学旅行安全管理学术建设做出贡献，也可以促进教师的专业能力提升。

⑤ 研学旅行过程中自身的安全防护

研学旅行过程中教师也要掌握在各种环境下自身安全防护的常识，这也应该是安全管理培训的重要内容。

（2）对学生的培训

① 对学生按照研学旅行安全事故分类进行安全知识培训。使学生掌握不同属性的学习资源环境和活动情境下的安全行为规范，熟练掌握每一个学习单元的安全注意事项，最大限度地避免由于自身行为导致发生事故。

② 按照学生研学旅行安全行为的"四不伤害原则"，培养学生树立安全防护意识，做到在研学旅行过程中不伤害自己、不伤害他人、不被他人伤害、保护他人不受伤害。

3. 学校研学旅行安全监控机制

学校要建立以研学指导教师团队为责任主体的研学旅行风险监控机

制。通过严密细致的风险监测和科学有效的风险管控与处置，切实降低研学旅行风险程度和安全事故损失。

学校要建立安全事故的信息报告和发布制度，及时准确地报告和发布相关信息。事故发生后及时将事故情况、处置措施和处置进展与各有关方面特别是学生家长沟通，根据安全应急预案的相应等级向有关方面和上级主管部门报告。

4. 学校研学旅行安全保障机制

（1）法律保障

法律法规和政策条例是研学旅行最重要的保障。学校要确保研学旅行工作的各个环节符合相关的法律法规和政策条例的规定。特别是研学旅行招标工作必须符合《中华人民共和国招标投标法》和《评标委员会和评标方法暂行规定》的有关规定。与承办方所签署的研学旅行课程委托协议必须符合《中华人民共和国合同法》的相关规定。

（2）制度保障

学校要针对研学旅行工作的重要模块和环节建立科学、规范、严谨的工作流程和对承办方工作的协调与监督流程，研学旅行执教团队要严格按照工作流程实施教学管理工作，重要的安全职责要有履职信息记录，确保责任到人，工作有痕。比如学校领队要和承办方项目组长一起对安全员履职情况进行监督，对重要的检查项目应确认签字。确保每一个重要的安全环节都要按照操作规程实施。

学校要制订科学规范、流程清晰、可操作的安全应急预案，一旦发生安全事故，要按照应急预案所规定的程序处置。

（3）风险保障

学校在招标公告中应该把安全承诺书作为投标单位参与投标的必要文件，在招标结束后要与承办方签订研学旅行课程实施安全责任书，明确承办方必须承担的安全责任。学校一般还会与家长签订安全责任书，明确界定双方的安全责任。

学校必须向保险公司投保校方责任险，依照法律规定实施风险转移。

二、承办方的研学旅行安全管理

1.承办方研学旅行安全管理制度

（1）研学旅行安全管理岗位责任制度

和学校相似，承办方也应建立研学旅行安全三级岗位责任体系。

① 承办方研学旅行工作领导小组

承办方法人对承办方研学旅行安全工作负有领导责任，为第一责任人。具体安全责任为：

第一，组织制订、审核承办方研学旅行安全管理制度。审核投标方案，审核研学旅行安全保障方案，审核综合应急预案和专项应急预案，审核课程方案。

第二，指导研学旅行业务部门和研学旅行工作小组规范实施研学旅行课程，履行安全管理职责。

第三，落实研学旅行课程实施过程的安全报告制度，每日听取项目组长的安全报告，并及时指导研学导师团队的工作。

第四，发生安全事故时执行安全预案，调度指挥应急处置。

第五，对违规行为进行处置，对造成重大损失的行为进行责任追究。

② 承办方研学旅行工作小组

承办方研学旅行工作小组通常主要由研学旅行业务部门负责人、相关保障部门负责人组成，一般由承办方研学旅行业务分管领导任组长。具体安全责任为：

第一，负责制订承办方研学旅行各项安全管理制度，组织课程投标，组织线路勘察和研学旅行课程设计，制订研学旅行安全保障方案，制订综合应急预案和专项应急预案。

第二，具体组织实施研学旅行课程，为学校提供必要的安全培训课程，制订针对每一次研学旅行课程实际情况的安全保障方案和专项安全预案，严格落实风险管理责任，全面履行安全管理职责。

第三，对研学旅行课程实施过程进行全程监控，与课程项目组保持密切联系，及时指导处置各类偶发和突发问题。

第四，发生安全事故时根据预警等级响应条件执行安全预案，协助领导小组组长调度指挥应急处置。

第五，组织实施与安全相关的行前课程，对项目组全体成员进行必要的安全培训。

③ 课程项目组

课程项目组是进行研学旅行课程实施的。承办方课程项目组和学校的指导教师团队一起组成研学课程团队，具体负责课程实施。项目组长由中层干部担任。课程项目组的安全责任为：

第一，具体执行课程投标任务，执行本单位的研学旅行安全管理制度，切实保障课程实施安全顺利进行。

第二，组织线路勘察，针对学习资源属性和课程实施条件制订安全注意事项和安全防范措施，编制安全应急预案，设计科学规范的研学旅行课程。

第三，履行风险管理职责，对研学旅行课程实施全程进行风险监控，及时识别风险隐患，监控风险条件变化，随时根据风险变化调整风险控制规划，做好与学校领队的沟通协调。

第四，对供应方工作进行安全监督，确保交通、食宿安全，对学习景区、场馆、营地的设施进行安全检查，对地接方的安全员进行岗位监督。

第五，发生安全事故时根据事故情况启动应急预案，按照预案规定的处置规程及时采取现场处置，按照规定进行报告。

第六，收集事故发生原因及处置的证据材料并进行证据固定，以便事故善后处理时使用。

2.研学旅行安全管理培训

对承办方安全培训是研学旅行安全管理的重要内容，培训应面向全体研学旅行从业人员，既包括研学旅行课程项目组成员，也包括相关科室的保障人员以及研学旅行管理人员。和学校对教师的培训相似，应该包括以下内容：

（1）研学旅行安全管理通识培训

承办方研学旅行管理人员和课程项目组成员应掌握研学旅行风险管理的专业知识，通过培训，使全体研学旅行从业人员都具备风险管理能力。在安全事故发生时，各方能够协调配合，进行科学高效的应急处理，使损失降低到最低。

课程项目组成员要接受安全管理基本措施培训，具备安全注意事项、安全防范措施和安全应急预案等安全管理措施的制订、评价和执行能力。

（2）研学旅行课程实施过程中的组织管理能力培训

通过学生管理知识培训，使课程项目组成员掌握研学旅行过程中不同学习环境下的活动组织与管理技能，具备与学校带队教师、供应方、学生、家长、当地民众的沟通能力，掌握集体活动中的协调能力，具备突发事件的现场处置能力，特殊学生的心理疏导能力，常见疾病与创伤的紧急处置能力等。

3.承办方研学旅行安全监控机制

承办方要建立以课程项目组为责任主体的研学旅行风险监控机制。通过严密细致的风险监测和科学有效的风险管控与处置，切实降低研学旅行风险程度和安全事故损失。

建立安全事故的信息报告制度，及时准确地报告相关信息。事故发生后及时将事故情况及处置措施和处置进展与各有关方面沟通，根据安全应急预案的相应等级按规定向有关方面和上级主管部门报告。

4. 承办方研学旅行安全保障机制

（1）法律保障

与学校一样，承办方也要确保研学旅行工作的各个环节符合相关的法律法规和政策条例的规定。特别是研学旅行招标工作必须符合《中华人民共和国招标投标法》和《评标委员会和评标方法暂行规定》的有关规定。与学校所签署的研学旅行课程委托协议必须符合《中华人民共和国合同法》的相关规定，切不可为了获得承办权而满足校方的不符合法律规定的要求。

（2）制度保障

承办方要针对研学旅行工作的重要模块和环节建立科学、规范、严谨的工作流程，项目组成员要按照各自的岗位职责严格按照工作流程实施教学管理工作，重要的安全职责要有履职信息记录，确保责任到人，工作有痕。比如安全员必须进行履职记录，承办方项目组长要对安全员履职情况进行监督，对重要的检查项目应确认签字。项目组长要和安全员一起检查供应方的训练营地的设施设备，确保每一个重要的安全环节都要按照操作规程实施。

承办方要制定科学规范、流程清晰、可操作的安全应急预案，一旦发生安全事故，要按照应急预案所规定的程序处置。

（3）风险保障

承办方在课程中标后要按照规定与学校签订研学旅行课程实施安全责任书，明确双方的安全责任。

承办方必须向保险公司投保旅行社责任险，并按照招标公告要求和委托协议为每位参加研学旅行的师生投保旅游人身意外伤害保险，依照法律规定实施风险转移，确保各方的合法权益。

三、研学旅行安全评价体系

安全评价也称为风险评价、危险评价，俗称安全检查。研学旅行安全评价，是指应用系统工程的原理和方法，对研学旅行课程实施过程中存在的可能引发事故或危害的因素进行辨识与分析，判断其发生的可能性及严重程度，提出危险防范措施，改善研学旅行安全管理状况，从而实现研学旅行的整体安全。

研学旅行安全评价是操作性和实践性较强的安全实务，其在安全理论的支撑下，既要依据相关的安全技术标准和安全管理法规，又要依赖评价人员的实际工作经验。

主办方和承办方需要分别或者协同进行研学旅行安全评价，评价体系的内容基本相同。

1. 评价目的

研学旅行安全评价目的是查找、分析和预测研学旅行课程实施中存在的危险、有害因素及可能导致的危险、危害后果和程度，提出合理可行的安全应对措施，指导开展研学旅行风险监控和事故预防，以实现最可靠的安全保障和最低的安全风险。

2. 评价分类

研学旅行作为一门新兴的基础教育课程和一个新兴的旅游业态，安全评价的研究相对滞后，可以根据户外教育的实践经验，参考国家发布的《安全评价通则》（AQ 8001-2007）的分类方法，将安全评价分为以下四种：

（1）研学旅行安全行前评价

在研学旅行的行前课程阶段，要做好充分的安全评价。在线路勘察过程中要根据学习资源的具体情况，根据相关的环境和设施，识别学生在学习活动中潜在的危险，预测发生事故的可能性及其严重程度，提出科学、合理、可行的安全措施建议，得出安全评价结论。根据评价结论对供应方提出明确具体的整改要求，在课程设计中根据线路勘察得到的安全评价结论，进行线路规划和行程规划，研制安全防范措施、安全注意事项和安全应急预案。

（2）研学旅行安全行中评价

行中安全评价其实质就是风险监控的过程，针对行前安全评价中所识别出的风险条件，与行中的实际风险状况进行监控比对，及时掌握其风险条件的变化，分析预测发生事故或造成危害的可能性、紧迫性及其严重程度，做出即时性安全评价结论，并根据评价结论进行风险处置。

（3）研学旅行安全行后评价

在研学旅行行中课程结束后，结合行中课程所记录的相关信息，对整个研学旅行做出全面评价。行后评价需要对课程设计、课程实施的安全方案设计和安全管理措施的实施情况进行全面总结，对安全风险识别、监控、风险处置等的有效性进行评价，并给出安全管理措施实施情况的评价结论。研学旅行各方在进行行后评价时的侧重点会有所不同。承办方应重点对课程设计中的安全管理措施的实施效果以及课程实施过程中项目组的执行能力进行评价，以期改进安全管理方案，提升安全管理水平；对供应方的安全管理能力进行评价，为合同终结提供依据。供应方应重点评价安全管理措施的实施效果，以期做出合理改进。主办方评价的重点除了课程设计的安全性、安全管理措施的执行情况外，还要重点评价承办方的课程实施能力，作为合同终止的重要依据。

（4）研学旅行安全专项评价

研学旅行专项安全评价是针对某一项活动或场所，以及某一课程内容在设计或实施中的安全要素进行的安全评价，查找其存在的危险因素，确定其程度并提出合理可行的安全应对措施及建议。研学旅行专项安全评价一般包括课程线路勘察安全评价、课程设计安全评价、应急预案评价、课程实施安全规范评价等。

3. 评价方法

安全评价方法是进行定性、定量安全评价的工具，安全评价内容十分丰富，安全评价目的和对象的不同，安全评价的内容和指标会不同，因而评价方法也不同。目前，安全评价方法有很多种，每种评价方法都有其适用范围和应用条件。在进行安全评价时，应该根据安全评价对象和要实现的安全评价目标，选择适用的安全评价方法。比较适用于研学旅行安全评价的方法主要有安全检查表评价法、预先危险分析法、事故树分析法等。

第三节 研学旅行安全的社会资源保障体系

《关于推进中小学生研学旅行的意见》是由教育部等11部门联合发布的，各部门所管理的系统内的社会资源共同构成了研学旅行的社会保障体系。其中保险、公安、医疗卫生、交通等部门所管理的资源与研学旅行安全保障密切相关。

一、保险保障

《关于推进中小学生研学旅行的意见》指出："保险监督管理机构负责指导保险行业提供并优化校方责任险、旅行社责任险等相关产品。"保险是研学旅行安全风险转移的重要途径，是研学旅行安全保障体系的重要组成部分。

1. 校方责任险

校方责任险，是指因校方过失导致学生伤亡的事故及财产损失，其损失由保险公司来赔偿的险种。校方责任险的投保人是学校，学校也是受益方，是一种责任保险。

保险对象：凡取得合法资格的教育机构，包括中小学、幼儿园及高等院校等。

保险责任：学生在校活动中或由学校统一组织安排的活动（包括体育课、实验课、课间操、课外活动、春游等）过程中，因学校非主观过失导致注册学生的人身伤害和财产损失，依法应由学校承担的直接经济赔偿责任。

保险费：每人每年人民币5元。

保险金额：每人每年人身伤害赔偿金额人民币30万元；每所学校每次事故赔偿限额人民币150万元；每所学校每年累计赔偿限额人民币450万元。

保险费由学校或教育专项资金支付，不允许向学生收取。

2. 旅行社责任保险

旅行社责任保险，是一种由旅行社投保，向保险公司支付保险费的一种强制险种。旅行社责任保险，就是承保旅行社在组织旅游活动中因疏忽、过失造成事故应承担的法律赔偿责任的险种。投保后，一旦发生责任事故，将由保险公司在第一时间对无辜的受害旅客进行赔偿。旅行社责任险具有很强的社会公益性。

保险对象：旅行社责任险投保人（同被保险人）必须是在中华人民共和国境内依法登记注册、并持有旅行社业务经营许可证的公司。符合此资质要求的，全国范围内有2万多家，它们可以投保旅行社责任险并享受其基本保障。

保险责任：因被保险人的疏忽或过失造成被保险人接待的境内外旅游者遭受下列经济损失，依法应由被保险人承担的经济赔偿责任，保险人负责赔偿：

（1）因人身伤亡发生的经济损失、费用。

（2）因人身伤亡发生的其他相关费用。

① 医疗费。

② 必要时近亲属探望的交通、食宿费，随行儿童或长者的送返费用，旅行社人员和医护人员前往处理的交通、食宿费及补办旅游证件的费用和因行程延迟所导致的费用。

（3）行李物品的丢失、损坏或被盗导致的损失。

（4）事先经保险人书面同意的诉讼费用。

发生保险责任事故时，被保险人为减少赔偿责任，抢救受伤的旅游者及旅游者的财产所支付必要的、合理的费用，保险人也负责赔偿。该项费用每人赔偿总金额不得超过保险单明细表中列明的每人赔偿限额。

特别需要说明的是，俱乐部、自助游组织、会务公司等不具备旅行社业务经营许可证的各种组织或公司尚不可投保旅行社责任险，因此这些团体在组织出游的过程中存在很大的风险隐患。此类团体在组织旅游活动时，在被保险人（旅游者）同意投保人为其投保的情况下，可以投保旅游意外险。投保旅游意外险后就能将保险责任范围内的意外事故造成的风险进行转移，减少或弥补旅游组织者的损失。

3.人身意外保险

人身意外险，即人身意外伤害保险，是指在约定的保险期内，因发生意外事故而导致被保险人死亡或残疾，支出医疗费用或暂时丧失劳动能力，保险公司按照双方的约定，向被保险人或受益人支付一定量的保险金的一种保险。保障项目分死亡给付、残疾给付、医疗给付和停工给付。

4.旅游意外险

旅游意外险是指被保险人在保险期限内，在出差或旅游的途中因意外事故导致死亡或伤残，或保障范围内其他的保障项目，保险人承担赔偿保险金的保险。

旅游意外险定义的基础内容是人身意外。而人身意外险与旅游意外险的区别在于，人身意外险通常保障更单一，保障时间长的可达1年，短的也有几天。旅游意外险大多时效性较强，一般与出行时间对应。

5. 境外旅行意外保险

境外旅行意外险，属于短期的单次旅行保险，可选保险期间从1天至182天不等，客户需要在每次境外旅行启程前投保本保险。

境外旅行意外险的保障范围涵盖：意外身故和残疾、境外医疗费用、医疗转运及运返、亲友慰问探访、身故遗体送返、航班延误、随身行李物品损失、托运行李丢失或延误、旅行证件遗失、旅程取消或缩短、个人责任等11项保障。

另外，境外旅行意外险还提供"24小时紧急救援服务"，游客无论在任何地方遭遇险情，均可通过电话获得无偿救助。

针对境外研学旅行期间在境外面临的意外、医疗等风险联合推出的24小时全天候、综合性的紧急救援服务及意外、医疗、救援服务费用保险保障，主要有五种类别：第一，旅游意外伤害险；第二，旅游人身意外伤害险；第三，住宿游客旅游意外险；第四，旅游意外救助保险；第五，旅游紧急救援保险。

二、警务保障

《关于推进中小学生研学旅行的意见》指出："公安、食品药品监管等部门加强对研学旅行涉及的住宿、餐饮等公共经营场所的安全监督，依法查处运送学生车辆的交通违法行为。"

公安部门对研学旅行的保障职责主要体现在以下几方面：

1. 安全监督

公安部门和食品药品监管部门应根据自己的职责，对与研学旅行相关的住宿、餐饮等公共经营场所进行安全监督，对研学实践教育基地、从事研学旅行重点景区、场馆、车站、码头等公共场所加强治安巡查和安全督导，消防部门要对重点单位强化消防督查，尽最大可能消除安全隐患。

2. 安全检查

交警部门要对研学旅行运输车辆加强安全检查，对研学旅行运营车辆实行备案。对于不符合安全运营规定的车辆坚决查处，决不允许车辆带病出行。对研学旅行运营车辆加强交通违法查处力度，让运营司机自觉遵守交通规则，对交通违法行为依法从重处罚。对研学旅行运营车辆的车况和安全设施进行检查，确保车况良好，消防设施完备可靠。

3. 安全保护

公安部门在特殊情况下要对研学旅行团队进行特殊保护。

（1）在危险路段安排警力对研学旅行团队进行交通引导。

（2）在发生群体性危机事件时，对研学旅行团队优先保护疏散。

（3）在暴恐袭击事件发生时，安排警力保护研学旅行团队驻地，并依法依规限制团队成员的不安全出行。

4. 安全救援

在安全事故发生时，公安部门接警后要迅速实施安全救援。

（1）因发生气象、地质灾害研学旅行团队在景区、基地或场馆受困时，公安、消防部门要迅速出警实施救援。

（2）发生交通事故，出现车辆损伤或人员伤亡情况时，交警部门要依法出警并根据事故情况实施救援。

（3）当研学旅行团队与地方民众发生群体冲突时，公安部门要及时出警，控制事态发展，保护学生安全。

（4）研学旅行团队遭受不法侵害、暴恐袭击时，公安部门要迅速出警实施救援。

（5）当研学旅行团队成员发生意外伤害、溺水、遇险等情况时，公安部门接警后要迅速实施救援。

三、医疗保障

医院、急救中心、红十字会等机构应对研学旅行提供安全保障。

1. 安全防护知识普及。

相关医护机构可以参与研学旅行行前课程，为学校提供专业的安全防护和紧急救护知识讲座，提高师生的安全意识、自我保护能力和安全救护能力。

2. 相关医护机构对研学旅行过程中出现的各种伤害、突发疾病实行救援和救护。

3. 相关医护机构对研学旅行过程中出现的重大安全事故中的群体性伤害情况要有应急预案，一旦接到报警立即启动应急预案组织救援。

4. 研学旅行资源丰富的重点研学目的地的驻地卫生部门，要组织研究研学旅行活动中常见的疾病、伤害类型，指导医护机构做好救治预案，保障研学旅行师生的健康和安全。

四、交通保障

《关于推进中小学生研学旅行的意见》指出："交通部门负责督促有关运输企业检查学生出行的车、船等交通工具。"

交通部门对研学旅行承担着重要的出行安全保障责任，要重点做好以下几方面的工作：

1. 督促有关运输企业检查学生出行的车、船等交通工具，督导运输企业建立完备的车、船安全检查运营制度。

2. 机场、车站、码头探索建立研学旅行绿色通道，为研学旅行团队出行提供可靠便捷的保障。

3. 民航、铁路部门根据市场需求建立研学旅行专项包机、包车等业务，对承担相关业务的飞机和车辆（车厢）进行重点安全检查。

4.交通部门要密切关注重点研学线路上的路况、航道、航线信息，对于影响交通安全的信息及时发布，对于存在影响安全出行因素的相关道路、航线、航道密切监控，及时向有关部门发布安全预警。

五、志愿保障

志愿服务是社会服务的重要内容，志愿服务程度也是一个社会文明程度的重要标志。研学旅行安全管理也可以引入志愿服务，提升安全保障的专业水平，增强安全保障力量。

1.家长志愿服务

学校家委会可以组织选拔熟悉旅游专业知识，掌握安全管理、安全救援、医疗救治知识的家长对研学旅行提供志愿服务。家长可以为学生提供相关的安全讲座，宣讲安全知识，也可以随团出行，直接提供志愿服务。

2.社会志愿组织服务

研学旅行的主办方或承办方可以主动联系户外教育、应急管理、医疗救护等领域的专业志愿服务组织，寻求志愿服务合作。相关的志愿服务组织也可以主动在研学旅行领域开展志愿服务工作。相关行业组织支持鼓励系统内的志愿服务组织在研学旅行领域开展志愿服务工作。

第二编
研学旅行各方安全职责

第一节　研学旅行主管人员

一、研学旅行主管人员的基本素质

研学旅行是横跨教育、文化和旅游界的旅游和教育活动，涉及多领域多学科的专业知识，对主管人员的综合素质和专业素养有非常高的要求。

1. 主管人员的一般职业素质

（1）职业道德操守

无论任何行业的主管人员，首先要有良好的职业道德和职业操守，必须爱岗敬业，遵纪守法，诚实守信，公平公正，有良好的个人修养。尊重和维护集体利益是良好职业道德的基本原则，维护集体利益、维护服务对象的合法利益，不以权谋私。忠于职守、乐于奉献、以身作则、率先垂范，是作为主管领导的基本素养。

（2）法律和规则意识

任何单位和部门的主管人员都要有法律和规则意识。首先要遵守法律法规，要熟悉与所负责的业务相关的法律法规，单位和部门的规章制度、操作规范不得与现有的法律法规相冲突。在具体工作中要做到依法依规办事。例如研学旅行的招标工作就是一项高规范的工作，作为部门或单位主管人员，在制订工作流程、组建评标委员会时，就必须遵守与招投标相关的法律规范。

（3）大局意识

无论是哪一级别的干部，大局意识都是必备的干部素养。在工作中，个人利益和集体利益、部门利益和单位利益、局部利益和全局利益、眼前利益和长远利益之间总会有冲突。一名研学旅行主管人员，首先要有大局意识，要以大局利益为重，协调处理好利益冲突，化解矛盾风险。

（4）服务意识

管理也是一种服务，管理是为了更好地服务，单位或部门主管人员必须树立服务意识。首先要为工作的业务对象服务。比如学校的干部要有为学生和家长服务的意识，承办方的干部要有为学校、学校师生、学生家长的服务意识。其次，管理人员还必须要有为自己的员工服务的意识。要能够想员工之所想，急员工之所急，协助员工解决工作中的困难，指导帮助他们更好地完成任务。

（5）合作意识

管理者必须要具有高度的合作意识。没有合作就没有管理。管理者首先要注重团队合作，只有注重团队合作，才能建设一支有高度执行力的团队。研学旅行的课程性质决定了这是一项必须由多方密切合作才能完成的工作。主管人员必须重视以下几个方面的合作：第一，加强团队内部的合作，建设一支合作完美，执行力强的研学团队；第二，重视与本单位的相关部门的合作，各部门的合作互助是顺利完成研学课程任务，确保课程安全顺利实施的重要保障；第三，重视与研学旅行合作方的合作，主办方、承办方、供应方必须密切合作才能保证研学旅行课程顺利实施；第四，重视与学生家长的有效协调及密切合作。

2. 主管人员的一般能力素质

（1）组织协调能力

主管人员高超的组织协调能力是工作顺利开展的前提，是干部领导力的基础。研学旅行课程的特点要求业务主管人员要有高超的组织协调能力。研学旅行工作涉及的合作方较多，专业领域跨度较大，各方的工作方式、工作习惯、工作规范差异较大，参加研学旅行的学生大多是未成年人，自我管理能力和安全保护能力较差，所以对主管人员的组织协调能力要求很高。

（2）规划设计能力

规划设计能力是主管人员的基本素质。部门或单位主管人员必须能够全面科学规划部门或单位的业务，科学设计工作方案，对业务发展具有前瞻能力，能够把控业务发展的方向和工作进程。

（3）工作执行能力

没有工作执行能力，再好的规划和设计也是空谈。主管领导必须有较强的执行能力，能够对工作进行科学督导，建立科学有效的评估监测机制，充分调动各方面的工作积极性，能够攻坚克难，善于解决问题，工作抓落实，任务有结果。

（4）危机管理能力

单位或部门主管必须要有危机管理能力，能够有效应对各种突发事件。研学旅行是存在较大的安全风险的业务。研学旅行业务主管人员必须具备应对突发的安全事故的能力，这就要求其必须具有风险管理的专业知识，能够组织编制并熟练掌握研学旅行安全预案，一旦发生事故，能够进行有效的应急处置。研学旅行也是一项容易发生各方矛盾冲突的业务，学生、学生家长与研学旅行承办方之间容易发生各种纠纷和矛盾，研学旅行业务主管人员必须具备解决处理各种矛盾、进行危机管控的能力。

（5）业务学习能力

这是一个社会各行各业迅速发展的时代，知识更新日新月异，业务主管人员必须有较高的业务学习能力。研学旅行作为一个新的课程领域和旅游业态，业务主管人员更需要有较强的业务学习能力。要具有迅速学习掌握跨行业跨专业领域知识的学习能力，还要善于研究，面对各种新问题，要能够发现解决问题的新方法，制订开展工作的新策略。

（6）文本处理能力

业务主管领导必须具备较强的文本处理能力，能够拟定、修改、审核各类业务文案，组织编制工作规程、管理制度，能够组织研制或审核课程及课程实施方案，能够审核处理各种合同协议文本。

3. 主管人员的教育领域素质

（1）课程建设能力

研学旅行是一门课程，无论主办方还是承办方，业务主管人员都必须具有课程建设能力。他们必须能从基础教育课程改革需要的高度，遵循课程建设的基本规范，突出研学旅行课程的教育价值，发挥其实践育人的重要功能。

（2）学生管理能力

在研学旅行课程实施过程中，课程的实施是由各方从业人员组成的团队协同完成的，管理学生是各方共同的责任。业务主管人员要具备学生管理的专业知识和专业能力，能够培训和指导团队的从业人员学习研究学生心理规律、学习掌握学生管理的有效方法。

（3）人力资源建设能力

主管人员不仅要对当前课程负责，还要对事业未来的发展负责，而人的因素是事业发展的最重要因素，因此单位和部门主管领导要具备人力资源建设能力。学校或承办方研学旅行部门主管要制订教师或研学旅行从业人员研学旅行能力培养和专业发展规划，建设培养人才梯队，为事业发展培植力量。

（4）学习组织能力

研学旅行是一门全新的课程，也是一种全新的旅游业态。对所有从业人员而言，这都是一个全新的领域。研学旅行主管人员必须具备学习组织能力，这包括两方面的含义：

首先，研学旅行从业人员在工作过程中会遇到各种新的问题，研学旅行业务主管人员要具备学习组织能力，组织本单位的从业人员就研学旅行工作中的热点问题和疑难问题进行课题或项目研究。

其次，学生的研学是在真实的资源环境中进行的，是离开教室的实景学习，学习的组织方法与学校的课堂教学组织方法完全不同。业务主管人员和整个从业团队的每一位成员都必须掌握丰富的学习组织方法，才能有效地开展研学旅行的课程教学工作。

（5）信息表达能力

部门主管人员的信息表达能力首先是语言表达能力，主管人员要善于交流，善于沟通，善于传递思想，善于化解矛盾。在相互交流过程中良好的语言表达能力可以产生很好的亲和力，这种亲和力又可以形成良好的执行力。其次，信息表达能力还表现为良好的语言表达能力，可以把自己的管理理念落实为文字，把管理理念体现在管理制度和管理文化中。最后，信息表达能力还表现为媒体信息的传播能力，主管人员要善于运用各种媒体平台，特别是新媒体和自媒体平台，及时传递重要信息，展示良好形象。比如在研学旅行过程中，就必须充分运用微信、微博、QQ群、美篇等媒体平台，及时发布当天的研学信息，向家长以及合作方发布研学成果。

4.主管人员的旅游领域素质

（1）心理素质

旅游业是一个面向社会各类非特定人群的服务行业，每天接触的人千差万别，所以研学旅行从业人员特别是业务主管人员必须具备良好的心理素质，面对各种矛盾冲突要能够平和应对，与人们真诚沟通，以良好的心理素质面对困难，以谦和的修养化解矛盾。

（2）社会责任

社会责任是指一个组织对社会应负的责任，通常是指组织承担的自己职责范围外的社会义务，它超越了法律与社会对组织所要求的义务，社会责任是组织管理道德的要求，完全是组织出于义务的自愿行为。主动承担社会责任是一个组织树立自己的品牌形象的重要途径。单位或部门主管必须树立高度的社会责任意识。研学旅行作为全面培养学生核心素养的实践课程，更承担了培养学生社会责任意识的重要功能，所以在课程实施过程中必须体现承担社会责任。

（3）经济素养

研学旅行业务主管要具备一定的旅游经济素养。无论是主办方还是承办方的业务主管，都要具备研学旅行的成本核算能力。只有具备成本核算能力，才能实现各方利益的合理均衡，才能确保研学旅行委托业务保持合理的利润空间，确保研学旅行的公益性原则。也只有具备成本核算能力，才能够充分利用资源，减少浪费。

（4）沟通素养

研学旅行的主管人员的良好的沟通素养是顺利开展相关业务的重要基础。良好的沟通素养在团队建设、与上下级沟通、与相关的平行部门沟通、与服务对象沟通、与业务合作伙伴方的沟通中都会发挥重要作用，是业务顺利有效开展的润滑剂。

（5）专业素养

研学旅行业务主管必须具备良好的旅游专业素养。要能够熟练掌握导游、计调、外联、票务、出入境等一线业务技能，掌握酒店前厅、客房、餐饮等一线服务技能，具备处理突发事件的能力，能够敏锐地发现问题，分析问题，果断决策，迅速采取处置措施。

二、研学旅行主管人员的安全职责

1. 学校研学旅行主管人员的安全职责

学校研学旅行主管人员包括校长、研学旅行工作分管校长和业务科室的负责人。学校研学旅行业务科室一般为学校的德育处（政教处、学生处）或教务处（课程中心）。

校长、研学旅行工作分管校长对研学旅行安全工作承担领导责任。主要安全职责包括：

（1）组织制订、审核学校研学旅行安全保障方案、学校综合应急预案和专项应急预案等学校研学旅行安全管理制度和安全措施；审核承办方提交的课程安全应急预案。

（2）指导学校研学旅行主管科室规范实施研学旅行课程、严格履行研学旅行安全管理职责。

（3）在课程实施期间，执行安全报告制度，每日听取研学领队的安全报告，并及时指导研学导师团队的工作。

（4）发生安全事故时担任事故处置总指挥，执行安全预案，调度指挥应急处置。

（5）对违规行为进行处置，对造成重大损失的行为进行责任追究。

学校研学旅行业务科室负责人承担研学旅行安全管理工作，具体安全职责包括：

（1）负责制订学校研学旅行安全保障方案、制订学校综合应急预案和专项应急预案；初步审查承办方提交的安全应急预案。

（2）具体组织实施研学旅行课程，制订针对每一次研学旅行课程实际情况的安全保障方案和专项安全预案，严格落实风险管理责任，全面履行安全管理职责。

（3）对研学旅行课程实施过程进行全程监控，与研学导师团队保持密切联系，及时指导处置各类偶发和突发问题。

（4）发生安全事故时根据预警等级响应条件执行安全预案，协助校长调度指挥应急处置。

（5）行前对教师和学生进行必要的安全培训。

2. 承办方研学旅行主管人员的安全职责

承办方研学旅行工作主管人员包括总经理（或法人）、研学旅行工作分管副总经理和研学业务部门经理。

承办方总经理（或法人）和分管副总经理对研学旅行安全负领导责任，具体安全职责包括：

（1）组织制订研学旅行安全管理制度，组织制订、审核研学旅行综合应急预案和专项应急预案。

（2）督导研学旅行业务部严格履行安全管理职责。

（3）执行研学旅行课程实施过程的安全报告制度，每日听取项目组长的安全报告，指导研学导师团队的安全工作。

（4）发生安全事故时担任事故处置总指挥，执行安全预案，调度指挥应急处置。

（5）对违规行为进行处置，对造成重大损失的行为进行责任追究。

承办方研学旅行工作业务部负责人承担研学旅行安全工作直接责任，具体安全职责包括：

（1）负责制订承办方研学旅行各项安全管理制度，组织线路勘察和研学旅行课程设计，制订研学旅行安全保障方案，制订综合应急预案和专项应急预案。

（2）制订针对每一次研学旅行课程实际情况的安全保障方案和专项安全预案，严格落实风险管理责任，全面履行安全管理职责；为学校提供必要的安全培训课程。

（3）对研学旅行课程实施过程进行安全风险监控，与课程项目组保持密切联系，及时指导处置各类偶发和突发问题。

（4）发生安全事故时根据预警等级响应条件执行安全预案，协助领导小组组长调度指挥应急处置。

（5）制订安全管理专业技能培训计划，对从业人员进行系统的安全培训。

第二节　研学旅行导师团队

一、研学旅行导师团队的结构

研学旅行课程是教育、文化和旅游领域的跨界课程，需要由各领域的从业人员合作完成课程的实施。研学旅行课程实施的导师团队主要由主办方和承办方的人员共同组成，在有地接方参与的情况下，作为供应方的地接方的研学导师也是研学导师团队的成员。

1. 主办方人员配置

（1）主办方应派出一人作为主办方领队，负责督导研学旅行活动按计划开展。

（2）每15名左右学生配置一名带队教师，带队教师全程带领学生参与研学旅行各项活动，配合承办方的研学导师开展课程实施工作，负责指导学生完成并批改课后作业。

2. 承办方人员配置

（1）承办方应为研学旅行活动配置一名项目组长，项目组长全程随团活动，负责统筹协调研学旅行各项工作。

（2）承办方应为每团或每车至少配置一名研学导师，研学导师负责制订研学旅行教育工作计划，在主办方带队教师、地接导游员等工作人员的配合下提供研学旅行教育服务。

（3）承办方应至少为每个研学旅行团队配置一名安全员，安全员在研学旅行过程中随团开展安全教育和防控工作。

（4）承办方应为每个研学旅行团队配置一名队医，队医负责研学旅行团队成员常见疾病的预防及治疗，对突发疾病、意外伤害进行紧急处理，对需要启动应急预案的情况为项目组长提供专业建议，并采取应急性救助措施。

（5）承办方应要求供应方至少为每团或每车配置一名地接导游人员，地接导游人员负责提供导游服务，并配合相关工作人员提供研学旅行教育服务和生活保障服务。

3. 供应方人员配置

供应方参与研学导师团队工作的主要是课程的地接方。在有地接方参与的研学旅行课程中，地接方根据委托协议承担了承办方的部分课程实施任务。

地接方应根据委托协议规定和研学旅行团队的规模合理配置负责课程实施的研学导师，通常为每车配备一名研学导师。地接方研学导师负责协议所规定的课程的具体实施工作。

地接方还可以根据合作协议配备安全员和医务人员，其具体工作职责与承办方的安全员和医务人员相同。通常在长线研学旅行课程中，承办方会委托地接方安排安全员和医务人员。

二、主办方研学导师的基本素质与安全职责

1. 学校研学导师的基本素质

学校研学导师团队由领队和带队教师组成。

学校领队负责督导承办方依照委托协议按计划规范实施研学旅行课程，是研学旅行课程的主要实施者和组织管理者。学校带队教师协助学校领队组织管理学生，是确保研学旅行顺利实施的活动组织与课程实施者。学校领队和带队教师应该具备以下基本素质：

（1）组织协调能力

学校领队和带队教师作为研学旅行课程的直接组织实施者，直接面对承办方的研学导师团队、学生以及学生家长，既有监督课程实施的责任，又有组织管理学生的责任，没有良好的组织协调能力，就难以保障研学旅行课程的有效实施。

（2）工作执行能力

学校领队和带队教师作为最直接的课程实施者，工作执行力是最主要的能力素养。课程计划必须靠强有力的工作执行力才能得以落实。学校领队必须能够指导学校带队教师、监督承办方研学团队严格执行课程计划和合作协议，学校领队要善于发现问题、解决问题。带队教师要完成学校领队的工作部署，完成学生管理和课程实施任务，确保课程实施效果。

（3）危机管理能力

研学旅行是存在较大安全风险的校外教育活动。学校领队直接面对各种研学旅行安全风险，必须具有风险管理的专业知识和应对突发的安全事故的能力，能够组织编制并熟练掌握研学旅行安全预案。如果发生事故，学校领队是事故现场的直接指挥者，对事故必须能够进行有效的应急处置。当学生、学生家长和研学旅行承办方之间发生纠纷和矛盾时，学校领队必须及时处理解决各种矛盾，进行危机管控，保证学生的合法权益，维

护学生的合理主张。学校带队教师要具备协助学校领队共同完成危机管控的能力。

（4）学生管理能力

尽管通常情况下课程的实施是委托给承办方的，但是学生的管理不能完全由承办方负责，学校带队教师必须承担学生的管理任务。学校领队要在研学旅行课程实施过程中全面掌握学生的状况，指导学校教师和承办方研学导师做好学生管理工作。学校带队教师必须根据学校领队的指导和工作分工，做好学生管理工作。

（5）合作意识

学校领队必须要具有高度的合作意识。研学旅行的课程性质决定了这是一项必须由多方密切合作才能完成的工作。学校领队要与研学旅行承办方、供应方相互配合、密切合作，确保研学旅行课程的顺利实施。学校带队教师要与承办方、供应方的研学导师密切合作，共同完成相关任务。

2. 学校研学导师的安全职责

学校领队的主要安全职责：

（1）负责落实研学旅行工作的安全规范，履行安全风险管理职责，密切关注课程实施的环境和条件，有效实施风险监控。

（2）监督承办方的安全管理工作，监督评价安全员履行职责的情况，与承办方的项目组长一起召开研学导师每日例会，做好风险分析，处理好偶发事件。

（3）与学校领导保持联系，汇报每日安全工作情况。

（4）对突发性事件采取措施，适时启动应急预案，科学进行安全应急处置。

（5）对安全事故进行分析评估，收集保存证据信息，为善后工作提供依据。

学校研学导师即学校带队教师，有如下安全职责：

（1）熟悉课程实施的安全注意事项和安全防范措施，密切关注学生行为，及时提醒学生注意安全要求，预防安全事故的发生。

（2）与承办方研学导师一起执行安全管理规定，在集合、解散时清点人数，在住宿时查房清点学生，指导学生注意酒店设施的使用安全。

（3）密切关注学生状况，发现学生的健康或情绪异常时要及时询问处理，防止意外事件的发生。

（4）协助学校领队，和承办方研学导师一起及时处理突发和偶发事件，当学生发生意外伤害事件时，离现场最近的研学导师就是紧急处置的第一责任人。

（5）监督承办方安全管理职责的履行情况，对承办方的安全管理能力进行评价。

三、承办方研学导师的基本素质与安全职责

1.承办方研学导师的基本素质

承办方研学导师团队由项目组长和研学导师组成。项目组长和研学导师应该具备的基本素质与学校领队和带队教师的基本素质大体相同，也必须具备组织协调能力、工作执行能力、危机管理能力、学生管理能力和合作意识。除此之外，承办方课程项目组成员还要具备良好的心理素质、沟通能力和旅游专业素质。

（1）心理素质

承办方研学导师是直接面对学生和家长的课程实施者，是课程和生活服务的直接提供者，直接面对课程实施过程中的矛盾和风险，所以承办方研学团队必须具备良好的心理素质，能够沉着平和地面对各种矛盾冲突，以良好的心理素质面对困难，以谦和的修养化解矛盾。

（2）沟通能力

研学旅行课程实施团队由学校和承办方共同组成，由于巨大的专业差

异，在课程实施过程中双方人员需要密切协作、有效沟通。良好的沟通能力是减少矛盾，确保课程顺利实施的重要保障。

（3）专业素质

承办方研学旅行导师必须具备良好的旅游专业素养。要能够熟练掌握导游、外联、票务、出入境等一线业务和操作技能，掌握酒店前厅、客房、餐饮等一线服务技能，具备处理突发事件的能力，有效解决学生在研学旅行过程中遇到的各种与旅游业务相关的突发和偶发事件。

2. 承办方研学导师的安全职责

项目组长全程随团活动，对课程实施过程中的安全管理全面负责，具体安全职责如下：

（1）切实履行安全风险管理职责，密切监控研学旅行的环境状况、气象状况、交通状况等，严格执行风险监控，敏锐进行风险识别，最大限度地降低安全事故发生的可能性。

（2）在课程实施过程中全面落实研学旅行安全管理的相关规定，切实执行安全防范措施，监督指导研学导师规范实施课程、落实安全责任。

（3）召开每日例会，总结调度每日工作，进行安全问题总结和安全风险预研，制订有效的风险防范措施。

（4）落实每日安全报告制度，向后方主管领导报告每日课程实施的状况。

（5）保持与主办方研学管理团队有效沟通，做好各项服务工作。

（6）发生突发性事件时担任现场指挥，根据实际情况启动应急预案，发出应急响应等级信息，进行应急处置。

（7）对安全事故进行评估，收集保留证据信息，为事故的善后处理提供依据。

承办方研学导师负责研学旅行安全制度的有效落实，具体安全职责与学校的带队教师的安全职责相近，具体职责如下：

（1）熟悉课程实施的安全注意事项和安全防范措施，密切关注学生行为，及时提醒学生注意安全要求，预防安全事故的发生。

（2）与学校带队教师一起执行安全管理规定，在集合、解散时清点人数，在住宿时查房清点学生，指导学生注意酒店设施的使用安全。

（3）密切关注学生状况，发现学生的健康或情绪异常时要及时询问处理，防止意外事件的发生。

（4）协助项目组长，和学校带队教师一起及时处理突发和偶发事件，当学生发生意外伤害事件时，离现场最近的研学导师就是紧急处置的第一责任人。

（5）监督供应方安全管理职责的履行情况，对供应方的安全管理能力进行评价。

四、供应方的研学导师的基本素质和安全职责

1. 地接方的研学导师

在跨省研学旅行课程实施时需要由地接方负责课程实施。当地接方的研学导师负责实施课程时，地接方的研学导师应当承担承办方研学导师的安全职责。

地接方研学导师必须具备和承办方研学导师相同的基本素质。

2. 场馆和景点讲解员

场馆和景点讲解员根据研学旅行手册中课程要求，在讲解之前落实教学内容，并履行讲解义务。在课程实施过程中要关注学生和场馆内的设施安全，及时提醒学生相关的安全注意事项和场馆内的禁止性规定。

3. 营地教练员

在各类户外教育营地进行拓展训练、团队活动以及开展各类户外教育运动项目的训练、体验与学习时，营地教练员承担课程教学工作。营地教练员要根据承办方委托的课程项目要求实施课程。在课程实施过程中提醒学生注意安全要求，确保在完成教学任务的同时保证师生安全。

第三节　研学旅行随队医生

一、研学旅行随队医生的基本素质

研学旅行的工作环境完全不同于医院和诊所的医疗环境，医疗条件也完全不同，所以研学旅行随队医生除了必须具有一般的医务人员的职业道德和基本素质外，还应具有其特殊的专业素质要求。

1. 丰富的全科知识

研学旅行过程中医生常常面对的多种疾病和伤情，可能涉及内、外、妇、儿等多个科，而且一个病人也可能有多种疾病。随队医生需要对患者病情做出基本判断，如果病情不严重，可以现场给出治疗方案，如果病情较重或需要进一步诊断，则需要给出就诊建议，并组织联系医院就诊。在现场紧急情况下没有上级医生和专科医生可商讨，完全需要随队医生独当一面，处理各种疾病和伤痛。所以，研学旅行随队医生必须具有丰富的全科知识，应该具备全科医生的素质。

2. 熟练的操作技术

研学旅行随队医生经常要面临紧急救治的情况，必须掌握基本的急救技能，如现场心肺复苏术、气道异物清除术、血管通路的建立与维护技术、包扎止血固定搬运技术等。在急救现场往往救治时间短暂，病情发展迅速，若没有娴熟过硬的操作技能是很难胜任的，急救技术操作不熟练可能延误病情，甚至可能导致急救失败，危及病人生命。

3. 良好的心理素质

由于研学旅行的医疗救治可能发生在公园、山川、场馆、酒店、乘车（飞机、船）途中、徒步途中、拓展训练现场等任何地方，患者病情或急或缓，诊断设备缺乏，救治条件有限，给救治工作带来许多困难。急救措施可能不被患者或家长所接受或理解。这些均要求研学旅行随队医生有良好的心理素质，即以良好的心态去认真对待和处理每一件事情，做到临危不乱、处险不惊。

4. 健康的体魄

研学旅行的医疗救护工作是行进中的工作。研学旅行随队医生需要与师生团队一起活动，有时还得去河边、山上、未排除险情的事故现场抢救，随队医生必须有健康的体魄才能胜任急救工作，所以健康的体魄是研学旅行随队医生的基本素质。

5. 组织指挥能力

在一些事故或灾害现场，随队医生身边没有其他医护人员，需组织研学旅行团队成员或其他在场人员自救、互救、疏散、转运等。有时随队医生需要联系就近医院及时救治危重伤员。所以研学旅行随队医生还必须具备一定的组织指挥能力。

6. 牺牲精神

突发事件抢险是研学旅行随队医生的一项重要任务。研学旅行随队医生在随队参与研学旅行活动的过程中，可能会遇到气象灾害、地质灾害、交通事故、人为事故等，在火灾、水灾、地震、暴恐袭击等现场，受伤人数多，环境复杂，研学旅行随队医生也需要深入现场救人。只有具有不惧艰险的牺牲精神，才能在危险面前从容不迫，挺身而出，忠实地履行救死扶伤的职责。

7. 急救意识

急救意识，是指医生对病人的病情时刻保持警惕，并在抢救时具备分秒必争的意识。研学旅行途中可能会遇到学生出现心脑血管、呼吸、消化等方面的急症，抢救工作每延迟一分钟抢救成功率就会下降一定比例，所以研学旅行随队医生要具有高度的急救意识，对于急症和危重患者，在专业救护人员到达之前，必须采取专业的应急救治工作。

8. 知识普及能力

自我保护、自我救护、紧急救护、野外生存等知识也是研学旅行课程中学生应该学习的重要知识。研学旅行随队医生有向学生开展安全健康讲座、普及安全健康知识的职责，所以研学旅行随队医生也要具备知识普及和宣讲能力。

二、研学旅行随队医生的专业技能

1. 全科医疗诊治技能

研学旅行随队医生应具备全科医生的诊断治疗能力，熟悉各类常见疾病，能够诊治各类常见轻微疾病，能够对常见较重疾病初步确诊并采取正确的治疗方案，能够对突发危重病人实施紧急救治，提出诊疗指导意见并安排去医院就医。

2. 药品管理使用技能

研学旅行随队医生需要掌握药品的管理和常用药品的使用，能够根据研学旅行课程实施的季节、气候和环境对常见疾病进行预测，根据可能发生的疾病合理配备备用药品，能够做到合理用药，正确发放。能够根据学生报备既往病史对学生自备药品及用药进行科学指导和监控。

3. 护理技能

了解护理学知识，对研学旅行过程中发生的常见疾病能够进行常规诊治和护理。

4. 传染病防控技能

研学旅行随队医生需要掌握多发病和常见传染病的防控技能，能够及时识别并根据多发病和常见传染病的诱发条件采取适当的预防措施，发现相关病例时能够进行阻断传染处置。

5. 卫生检查知识

随队医生要能够配合项目组长和安全员，对研学旅行餐饮供应方的食品卫生状况进行检查，严防消化道疾病和食物中毒事件的发生。

6. 野外救援技能

研学旅行随队医生要熟悉野外救援设备的使用，掌握野外生存和急救自救技能。掌握对伤员伤口的处理技术，掌握止血、包扎、固定、搬运等野外急救技术。

7. 救援组织技能

在没有其他医护人员的事故或灾害现场，研学旅行随队医生能够组织非专业的研学旅行团队成员或其他在场人员自救、互救、疏散、转运等。能够引导、协助消防救援人员实施救援，联系就近医院及时救治危重伤员。

三、研学旅行随队医生的安全责任

1. 安全健康教育职责

研学旅行随队医生要根据课程安排，对学生进行安全健康教育，让学生掌握常见疾病、多发疾病、传染性疾病的预防与治疗的基本知识。对学生进行运动安全知识辅导，预防不当运动造成的伤害。让学生掌握在意外伤害事件中的自救和互救知识，减少在意外伤害发生时的损失。

2. 医疗卫生防控职责

研学旅行随队医生要能够针对研学旅行课程实施过程中能够诱发各种常见疾病、多发疾病、传染性疾病和能够引发伤害事故的气候、地质、环境、道路条件进行风险监控，根据现实情况采取预防和处置措施，最大限度地防止各种疾病特别是传染性疾病和群体性伤害事件的发生。

3. 医疗卫生救治职责

随队医生要对在研学旅行过程中师生发生的一般疾病进行诊治，对不需要离队就医的患者进行常规护理。对必须离队就医治疗的患者进行院前处置，并指导和联系离队就医，对危重患者要陪同到就近医院就医诊治。

随队医生要对意外伤害事件中的伤员进行急救处理，在联系医院救治的同时做好院前处置。

对于重大灾害或伤害事件，随队医生要组织救援，在报警及协助医疗、公安、消防和应急救援部门进行事故救援的同时，组织现场人员实施自救和互救，将伤害损失降低到最低。

第一节　研学旅行安全员的职业素养与职业管理

教育部等11部门发布的《关于推进中小学生研学旅行的意见》明确要求："学校自行开展研学旅行，要根据需要配备一定比例的学校领导、教师和安全员……学校委托开展研学旅行……明确委托企业或机构承担学生研学旅行安全责任。"研学旅行安全员是研学旅行安全课程设计、研学旅行安全管理工作制订的主要参与者，是研学旅行安全应急预案编制的主导者，是研学旅行课程实施过程中安全方案的实施者，是为研学旅行人员保驾护航的直接责任人。

研学旅行安全员岗位关键，责任重大。研学旅行安全员必须具有高尚的职业道德、严谨合格的职业素养。该岗位作为一个重要的工作岗位，也必须建立严格规范的职业管理体系。

一、研学旅行安全员的职业道德

职业道德是指在一定职业活动中应遵循的、体现一定职业特征的、调整一定职业关系的职业行为准则和规范。研学旅行安全员职业道德是指在研学旅行课程设计、实施和评价的全过程中，研学旅行安全员应该遵守的行为规范和行为准则（如研学工作手册，研学安全操作规程等）。它既是对研学旅行安全员在研学旅行教育教学活动中行为的要求，又是其对社会所负的道德责任与义务。

研学旅行安全员的职业道德内涵应该包含以下几方面的内容：

1. 爱国情怀

热爱祖国，热爱人民，拥护中国共产党的领导，拥护社会主义。全面贯彻国家教育方针，满怀教育情怀，具有为国家富强、民族复兴培养人才的使命感。

2. 爱岗敬业

安全员必须首先喜欢这个职业，能够充分认识到研学旅行安全员岗位的重要性，热爱安全工作岗位。研学旅行安全员承担着重大的安全责任，只有真正做到爱岗敬业才能做到一丝不苟，精益求精，才能有高度的责任心和投入感，严肃认真地排查一切安全隐患，尽全力保卫研学旅行团队的安全。

3. 责任担当

研学旅行安全员必须具有责任担当精神，勇于负责敢于担当。对于研学旅行过程中一切不符合安全管理规范的行为要及时坚决制止。对于侵害学生安全利益的行为要敢于斗争，坚决抵制，切实维护研学旅行师生的人身安全和财产安全。

4. 法规意识

研学旅行安全员必须熟悉与安全管理相关的法律法规。自觉遵守《中华人民共和国教育法》《中华人民共和国教师法》《中华人民共和国未成年人保护法》《中华人民共和国安全生产法》《中华人民共和国突发事件应对法》等相关法律法规，严格执行各项相关政策，依法履行岗位职责和义务。对于研学旅行课程实施过程中的各种活动和安排，要从安全法规和安全标准的角度进行检视，凡是不符合安全管理法规和安全管理标准的制度、方案、环境设施，要坚决要求整改。

5. 原则性强

研学旅行安全员在履行安全职责的过程中必须坚持原则。严格执行安全标准和安全操作规程，坚决杜绝随意性，不能当和事老，要做到安全不打折。

6. 学生第一

研学旅行安全员最根本的职责就是确保学生的安全。所以在工作中必须把学生的安全放到第一位。学生第一并不是一切迎合学生和迁就学生，而是体现在对学生的安全负责的工作原则上。在工作中必须依据学生的特点做好安全防护工作，对于学生中违反安全纪律的行为要坚决制止，对于重大违纪行为要报告项目组长和学校领队并做好记录。

7. 警觉敏锐

安全工作重在预防。研学旅行安全员要对各种不安全因素始终保持高度警惕，对各类安全风险具有敏锐的识别能力。能够发现各种安全隐患，防范安全事故的发生。

8. 牺牲精神

研学旅行作为一项校外教育活动，安全风险始终存在。突发事件抢险是安全员的一项重要任务，研学旅行活动的过程中，可能会遇到气象灾害、地质灾害、交通事故、人为事故等，在火灾、水灾、地震、暴恐袭击等现场，制止侵害，抢救伤员是研学旅行安全员的首要职责。只有具有不惧艰险的牺牲精神，才能在危险面前从容不迫，挺身而出，才能忠实地履行守卫学生安全的职责。

二、研学旅行安全员的基本素质

1. 良好的身体素质

研学旅行安全工作是一项既要腿勤又要脑勤的管理工作。安全员不但要全程为研学旅行团队提供安全保障和安全管理，还要对教学环境的各种设施进行检查，发生事故时紧急处置安全事故。没有良好的身体就无法有效地履行岗位职责。

2. 高度的敬业精神

研学旅行安全工作是一项非常具有挑战性的工作，研学旅行安全员要管理不同学校、不同学段、不同性格、不同知识水平、不同素质的未成年学生，要面对各种复杂的工作环境，面临各种类型的安全风险，工作中会有很大的压力。研学旅行安全员必须要有高度的敬业精神，才能够克服困难，完成工作。

3. 专业的安全知识结构

研学旅行安全工作是一项高度专业性的工作，研学旅行安全员必须具有丰富的安全知识、合格的安全技能、高度的安全意识。一个合格的研学旅行安全员应具备以下知识：

（1）国家有关安全管理的法律、法规、政策及有关安全管理的规章、规程、规范和标准。

（2）研学旅行安全管理知识，场馆、营地、景区、车辆等设施的安全标准，学生安全健康知识。

（3）户外教育安全风险管理知识。

（4）安全应急救援专业知识以及应急处置技能。

4. 学生教育组织能力

研学旅行安全员不同于其他生产领域的安全员，他们是在研学旅行课程实施过程中，面向学生履行安全保卫职责的特殊岗位。所以，研学旅行安全员除了常规的安全防控职责之外，还具有安全教育职责，这也就必须具备一定的学生教育组织能力。

（1）要具备良好的语言表达能力

研学旅行安全员要具有良好的语言表达能力，可以在研学旅行过程中为学生开设安全知识讲座，在具体的环境中根据需要对学生进行条理清晰、语言精练的安全指导。

（2）具备融入学生的亲和力

在研学旅行过程中，安全员要能够深入学生，和学生共同学习和生活。这样才能够及时发现学生中存在的安全隐患，及时发现、制止学生的不安全行为。要融入学生，安全员就必须具有良好的亲和力。

（3）具备学生组织管理能力

研学旅行安全员必须具备一定的学生组织管理能力，在紧急情况下能够迅速组织学生有序避险。在学习间隙可以组织学生开展一些安全教育活动，在文体活动中能够进行有效的安全管理。

5. 良好的心理素质

研学旅行安全员良好的心理素质包括：意志、气质、性格三个方面。

（1）研学旅行安全员必须具有坚强的意志。研学旅行安全员在履行职责过程中时常会遇到很多困难，例如大多数学生自我管理能力较差，安全知识和安全意识欠缺，对于安全员提出的相关要求，学生往往不理解、不重视；学生在受到批评和处罚时往往会有抵触情绪，学生与安全员之间会产生误会，发生矛盾。而当学生面临危险时，安全员在对学生进行保护时又可能将自己置于险境。所以，研学旅行安全员要具有坚强的意志。坚强的意志不是与生俱有的，而是在不断的工作中磨炼而成的。

（2）气质是一个人的"脾气"和"性情"，是决定一个人心理活动的全部动力，是个体独有的心理特点。气质影响着人们智力活动方式，决定人们心理活动过程的速度、稳定性、适应能力、灵活程度和心理过程的强度，使人心理活动具有指向性，即人有内向型和外向型。研学旅行安全员应具有稳定的、灵活的气质特点，并且应该具有外向型气质特点。

（3）研学旅行安全员要具有豁达的性格。研学旅行安全工作是原则性很强的工作，管理对象是学生，在一个研学旅行团队中，总会有那么一些人会不服管，不理解安全工作，甚至会因此发生各种各样的矛盾冲突。因此安全员必须具有豁达的性格，具有容人容事之风范，要有苦中作乐的心态，始终保持良好的工作状态。

6. 牢固树立的责任意识

研学旅行安全员责任重大，其工作能力、管理力度、工作质量，是研学旅行团队全体师生生命安全的有力保障。研学旅行安全员应以学生为本，对学生的安全负责，以保护学生安全为工作目标，牢固树立安全责任意识，积极、主动、自觉地履行安全职责，全力以赴守护学生安全。

三、研学旅行安全员的执业管理

1. 建立健全岗位执业资格认定制度

为确保研学旅行安全员的从业人员素质，保障研学旅行安全工作健康持续发展，应建立研学旅行安全员执业资格认定制度。要明确研学旅行安全员应该具备的职业素养、知识结构和能力标准，制定研学旅行安全员执业资格认定标准，严格管控研学旅行安全员行业准入门槛。

（1）研学旅行安全员的知识结构

研学旅行安全员必须掌握与研学旅行安全相关的政策法律知识、安全专业知识和研学旅行课程基础知识。

第一，政策法律知识。研学旅行安全员应熟知的政策法规主要有：《关于推进中小学生研学旅行的意见》《中华人民共和国安全生产法》《中华人民共和国突发事件应对法》《生产安全事故应急预案管理办法》

《突发事件应急预案管理办法》《生产经营单位生产安全事故应急预案评审指南》（试行）《生产经营单位安全生产事故应急预案编制导则》《生产安全事故应急演练工作指南》《生产经营单位安全培训规定》等。

第二，安全专业知识。研学旅行安全员应熟练掌握安全应急预案编制知识、研学旅行安全风险管理知识、研学旅行紧急救护知识、旅游专业基本常识等。

第三，研学旅行课程基础知识。研学旅行安全员应掌握研学旅行课程设计与课程实施的基本知识，特别是课程设计与课程实施中与安全相关的内容。要能够根据研学旅行课程要素设计、实施和评价课程中的安全要素。

（2）研学旅行安全员的课程培训体系

应根据研学旅行安全员必须具备的知识结构，研制安全员执业资格认定课程培训体系，制订学习相应知识所需的学时，完成后取得的相应学分，建立学分认定制度。

（3）研学旅行安全员执业资格证书认定

在完成培训课程学习，修满规定学分后，报名参加研学旅行安全员执业资格认定考试。考试成绩合格的由研学旅行行政管理部门授权的相关行业协会颁发研学旅行安全员执业资格证书。研学旅行安全员执业资格证书是研学旅行管理和用人单位对持证人能力评价、就业、聘用、考核和任用的重要依据。

2.研学旅行安全员执业资格证书管理机制

（1）规范研学旅行安全员执业资格证书的管理责任主体

国家有关研学旅行主管部门应明确哪些部门和组织可以进行研学旅行安全员执业资格证书考核认定和注册管理，完善行业标准，严肃培训纪律，保证培训质量，确保证书效力，规范行业发展。

研学旅行安全员执业资格证书的管理责任主体应该为省级（或地市级）及以上研学旅行行政主管部门及其授权的行业协会等组织。

（2）建立研学旅行安全员执业资格证书注册管理制度

研学旅行行政主管部门应会同相关行业协会建立执业资格证书注册制度。研学旅行安全员定期注册，在一个注册周期中实行执业情况计分管理制度，按照有关规定建立电子查询系统，并向研学旅行行政主管部门登记备案。对于严重违反研学旅行职业管理制度，发生重大安全责任事故，积分达到一定分值的，延缓或取消证书注册。

（3）研学旅行安全员继续教育机制

对已经取得研学旅行安全员执业资格证书的人员，各级研学旅行行政管理部门及其所在工作单位要继续加强相关政策教育和业务培训，建立严格的管理制度和责任制度，并认真贯彻执行。参加继续教育的情况作为证书注册的重要参考依据。

（4）建立证书使用管理机制

颁证机构应制定证书使用管理制度，明确证书的有效期和注册管理办法，明确证书的效力范围和证书使用的禁止性规定以及证书没收或吊销的标准。

第二节　研学旅行安全员的岗位能力与职责

一、研学旅行安全员的岗位能力

1. 安全管理制度建设能力

研学旅行安全员不仅仅是课程实施过程中的安全工作方案的执行者，更是研学旅行从业机构安全管理制度建设的重要参与者，甚至是主导者。

研学旅行安全员应该具备单位安全管理制度建设能力，能够独立或主导建立和完善符合政策法律规范、契合单位实际情况的研学旅行安全管理制度，能够为单位主管领导提供安全管理的决策咨询。

2. 课程安全要素设计能力

研学旅行安全保障应该从课程设计开始。因此研学旅行委全员在课程设计中要充分考虑课程的安全性，制订科学有效的安全注意事项、安全防范措施和安全应急预案。研学旅行安全员应全面参与路线勘察、课程内容编写及课程实施和课程评价方案的制订，科学设计研学旅行课程的安全要素。

3. 项目安全方案的拟定与实施能力

对每一个具体的课程项目，研学旅行安全员都要参与项目安全方案的拟定，要结合线路勘察结果，根据研学旅行安全风险分类，对研学旅行过程的每一个环节和每一个细节进行安全风险评估，制订相应的安全保障方案。研学旅行安全员还必须具备实施安全方案的能力，具体执行各项保障措施，有效履行安全岗位职责，确保研学旅行课程安全实施。

4. 研学旅行安全评估能力

事前评估、事中评估、事后评估构成评估体系。细致的事前评估可以把可能出现的危险源消除和控制，安全预防是研学旅行安全保障的核心。贯穿始终的事中评估是及时发现危险源和事故苗头的关键，是风险监控的重要手段。有效的事中评估有利于研学旅行安全员第一时间反应，并迅速做出应对措施。科学全面的事后评估既是对研学旅行课程实施的终结性评价和总结，为研学旅行课程安全管理的具体效果做出评价，又为改善工作、完善制度、责任追究和表彰奖励以及全面的课程评价提供依据。

5. 研学旅行安全风险监控能力

研学旅行安全工作重在防范，科学的安全风险监控是预防安全事故发生的可靠保障，研学旅行安全员必须具备安全风险监控能力。研学旅行安全员要熟练掌握安全风险分类知识，具有敏锐的安全风险识别能力，并根据风险条件的变化进行有效的安全风险管控，确保风险处于安全可控的范围内。

6.研学旅行应急处置能力

研学旅行课程的特点决定了研学旅行具有一定的不可预知性和安全不确定性，无法完全避免发生突发事故或者不可控的意外。

研学旅行安全员是研学旅行过程中风险管理的核心人物，其领导和协调能力、专业知识技能与从业经验以及对风险的预判和决策能力在风险管理和风险处置时起着至关重要的作用。研学旅行安全员的应急处置程序为：

（1）保持镇静、沉着应付。发生突发事故或者不可控的意外时，研学旅行安全员要在第一时间进行现场处置，保持镇静，了解情况，并按照既定应急方案，结合自身专业能力进行判断，迅速采取相应的应急措施。

（2）先救命再治伤，就地抢救。有时发生突发事故的地点距离医院较远，可能当事人病情严重，研学旅行安全员应根据有关急救标准对伤员进行心肺复苏、紧急止血等应急处置。但是研学旅行安全员不是医生，不具备从医资格，在保证当事人有生命特征的前提下，尽量维持状态，等待专业医生的救治。

（3）立即报警、紧急求援。研学旅行安全员根据现场危急情况和需要报警，并如实向救援单位说明现场实际情况，这样利于相关救援单位准备充分的救援物资，迅速赶往现场，避免耽误黄金救援时间。

（4）维持秩序、迅速疏散。研学旅行安全员根据现场情况，在完成报警和求援后，应该迅速组织现场的教师和管理人员，按照应急手册要求，形成安全隔离区，疏散现场围观或者不相关人员。

（5）获取并保留事故证据信息。研学旅行安全员应采取拍照、录像、录音、留存当事人和相关人笔录、留存相关物证等方式，为后续处置提供合法的证据和依据。

（6）理性面对媒体。发生突发事故或者不可控的意外时，启动应急预案，研学旅行安全员有责任拒绝和回避媒体的采访，尤其是涉及情况不明、责任不清时，更不能凭主观臆断得出结论，并且制止现场工作人员的不实言论，防止不实言论传播扩散。

7. 熟练的现代办公技能

熟练使用互联网检索信息、收发电子邮件，熟练使用APP小程序等；能够熟练地使用"WORD、EXCEL、POWERPOINT、PHOTOSHOP"等常用办公软件进行文字编辑、数据统计、教学课件的制作和使用、图像资料的编辑处理；熟练使用信息化教学手段进行教学，如多媒体课件的制作与使用，教学资源库的建设，利用网络进行远程教育；熟练使用现代化办公设备，如打印和复印机、投影仪、收发传真等。

研学旅行安全员具体岗位技能要求见下表所示。

研学旅行安全员具体岗位技能表

岗位技能	工作内容	技能要求
研学旅行活动规划	总体规划	1. 能够根据研学旅行工作实际需求制订研学旅行安全工作方案。 2. 能够根据研学旅行工作实际情况建立安全工作机制。
	调查与研究	1. 能够进行安全风险信息采集与处理。 2. 能够根据较熟悉的采集信息制订相应安全工作方案。 3. 能够对已掌握信息进行科学的分析和判断, 制订应急预案。
	活动策划	1. 能够熟练编写《研学旅行课程安全手册》。 2. 能够熟练编写《研学旅行安全应急方案》。
	协调沟通	1. 能够独立主持召开研学旅行活动安全专题讨论会。 2. 能够独立主持指挥大型研学旅行活动的安全保障工作。

（续表）

岗位技能	工作内容	技能要求
研学旅行的组织与管理	落实计划	1. 能够根据研学旅行课程方案合理准备必要安全保障物资和装备。 2. 能够根据研学旅行课程方案合理选配车辆，确保交通方案的安全性。 3. 能够有效执行研学旅行课程安全方案所规定的安全保障任务。 4. 能够根据应急预案进行危机管控和应急处置。
	安全督导	1. 能够及时发现并纠正研学导师在执教过程中的不安全行为。 2. 能够及时发现并纠正学生的不安全行为。 3. 能够较全面地检查整改安全隐患。
	管理	1. 能够较熟练地撰写研学旅行安全工作报告。 2. 能够较熟练地编写研学旅行安全管理规定。 3. 能够较熟练地主持研学旅行活动安全工作总结会议。
研学旅行装备的使用与管理	分类	1. 能够熟悉研学旅行所需通信装备的种类及名称。 2. 能够熟悉研学旅行所需生活装备的种类及名称。 3. 能够熟悉研学旅行所需服装装备的种类及名称。 4. 能够熟悉研学旅行所需交通装备的种类及名称。 5. 能够熟悉研学旅行所需工具装备的种类及名称。
研学旅行装备的使用与管理	使用	1. 能够熟悉较常用的通信装备的功能及使用方法。 2. 能够熟悉较常用的生活装备的功能及使用方法。 3. 能够熟悉较常用的服装装备的功能及使用方法。 4. 能够熟悉较常用的交通装备的功能及使用方法。 5. 能够熟悉较常用的工具装备的功能及使用方法。
	管理	1. 能够熟练编制安全物资与装备管理手册。 2. 能够熟练掌握安全物资与装备的领取归还登记手续。 3. 能够较熟练检查装备的使用状态及保养装备。
急救技能		按照中国红十字会救护员培训大纲执行。
消防技能		按照公安部《义务消防培训大纲》执行（基础部分）。 按照国家林业和草原局《森林防火员培训大纲》执行（基础部分）。

（续表）

岗位技能	工作内容	技能要求
求生技能		1. 能够较熟练地掌握游泳技术及基本救护方法。 2. 能够较熟练地掌握各种复杂环境下的自救自护技能。 3. 能够较熟练地掌握各种求救报警方式。
环境保护		1. 能够较熟练掌握野外生活及废物处理的方法。 2. 能够较熟练掌握《国际环境保护条约》并能讲解。 3. 能够较熟练制订研学旅行活动环境保护规定。
安全防范		1. 能够较熟练掌握研学旅行安全注意事项和安全防范措施。 2. 能够较熟练讲解研学旅行活动安全常识。 3. 能够较熟练地策划组织研学旅行活动安全专题活动。

二、研学旅行安全员的职责与履职

1. 风险识别及风险管控

研学旅行安全员要根据研学旅行的学习资源属性、学习环境、气候条件、地质特点、学生特点进行专业、敏锐的风险识别，及时发现和监控各类风险隐患，对识别出的风险进行科学评估，做出准确的风险评价，迅速拟定有效的风险应对策略，实施有效的风险管控，确保风险不转化为事故。

（1）交通安全管控

①车（船）况检查。

每次行车（船）之前研学旅行安全员都要监督并协助驾驶员对车辆（船舶）状况进行检查，特别是刹车系统、灯光系统、发动机系统、仪表系统、车轮轮胎及胎压、安全带等防护系统；船舶检查要检查动力系统、操控系统、通信系统、救生设备等。

安全员要对检查情况做详细记录，并与驾驶员一起在检查结果上签字。

②驾驶员监督

研学旅行安全员要对车辆、船舶驾驶员进行安全监督，坚决杜绝酒驾、病驾以及带情绪驾驶的情况发生。对驾驶员的驾驶行为进行监督，杜绝违章驾驶行为。发现驾驶员异常要采取果断措施确保行车安全。

③学生安全检查

研学旅行安全员要对学生进行安全检查，确保研学师生在行车途中规范使用安全带，在乘船途中确保每一位团队成员规范穿戴救生衣。

④堵车情况应对

路遇堵车时及时查明堵车原因，预测拥堵状况，制订应对措施。如果车辆可以驶离当前拥堵路段启用备用路线，如果不能驶离，则对学生进行安抚。

⑤道路、水路安全信息掌控

出行前及时了解道路或水路安全信息，掌握气象状况，预测影响道路行车、水面行船安全的风险隐患，并根据所掌握的信息进行风险分析，拟定出行建议供项目组长参考。

（2）住宿安全管控

①安全检查

对住宿酒店的安全通道进行检查，确保安全疏散通道畅通；检查消防设施，了解灭火器的配置情况和放置的位置。

②安全管理

研学旅行安全员要协同研学导师团队对学生进行安全管理，检查房间内学生秩序，防范由于学生自己的不当行为产生安全隐患，提醒学生晚休时的安全注意事项。

③安全值班

在学生休息以后与承办方项目组成员轮流在酒店大厅或学生住宿楼层值班，杜绝学生私自外出，阻止无关人员进入学生房间，防止学生私自串房换宿。

（3）活动安全管控

① 入场组织

在项目组长、学校领队和研学导师组织学生在景区、场馆、营地门口入场以及登车、登船时，研学旅行安全员要密切关注队伍的秩序、周边环境以及非团队成员的聚集情况，发现安全隐患及时处置。

② 收拢疏散

在参观学习结束时，协助研学导师团队收拢清点人数，发现人员丢失立即寻找。在场馆内学习参观结束后协助安全疏散，在容易发生拥挤的狭窄通道和门口密切关注疏散秩序，疏导指挥学生有序通过。

③ 拓展体验

在拓展训练开始前检查训练设施的安全性，在训练过程中密切关注训练进展，时刻关注学生的安全状况。

④ 参观考察

在参观考察过程中要时刻关注学生在行进、参观、探究时的行为举止，既要提醒学生注意自身安全，也要提醒学生遵守相关规则，保护文物、设备设施的安全。

研学旅行安全员必须预先辨识安全疏散标志，熟悉安全疏散通道，做好安全疏散的应急准备。

2. 安全处置与应急救援

在发生安全事故和突发紧急状况时，项目组长应按规定启动应急预案。研学旅行安全员可以协助项目组长和学校领队分析安全预警响应信息，确定响应等级，并根据响应等级启动安全应急预案。在安全应急预案启动后，研学旅行安全员要根据岗位职责和应急预案中的规定责任和操作流程履行职责。

3. 安全教育与技能培训

（1）安全教育讲座

研学旅行安全员应具备安全教育能力，可以根据需要开设安全教育讲座。研学旅行安全教育讲座有两种类型，一种是在行前课程中开设的安全通识讲座，一种是在研学旅行过程中针对具体的学习环境特点和学习资源属性，在开始学习之前或在学习过程中现场进行的专项安全讲座。研学旅行安全员的安全教育以专项安全讲座为主。

（2）安全应急演练

研学旅行安全员要能够根据线路课程特点，结合线路勘察风险识别的结果，针对可能出现的重大险情制订安全演练方案，并能够组织开展安全应急演练。重点演练安全应急预案的响应机制和操作流程。

（3）安全救援技能

研学旅行安全员在学生发生伤害事故时要能够根据事故情况实施科学救援，救援措施要符合相关规范要求，既要有效施救，又要保证措施科学规范，不能对伤者产生二次伤害。要能够对现场人员进行有效组织，迅速安全转移或疏散。

第三编

研学旅行安全问题的分类及应对措施

第一节　依据产生原因的安全问题分类

一、研学旅行风险因素的产生

研学旅行风险因素的产生主要来源于自然环境和人为因素两个方面。

自然环境方面的风险因素主要包括五种类型，即天气风险因素、地质风险因素、天气与地质状况共同作用的风险因素、动植物因素、流行疾病突发因素等。这一类风险因素往往是突发的状况，其造成的安全事故具有不可抗性，也称为不可抗力风险因素。

人为原因导致的风险因素包括个人因素和管理因素。个人因素包括心理因素、身体因素、知识能力因素和行为习惯因素等。管理因素包括研学导师的能力素养因素、课程设计及应急预案因素、出行时间及学习资源选择因素、交通工具因素、教学设施及防护装备因素、人文环境因素等。

二、依据风险因素的安全问题分类

（一）自然环境风险因素产生的安全问题（不可抗力风险因素）

1.天气风险因素导致的安全问题

（1）暴雨

暴雨是夏季出行常见的灾害天气。一旦在行程中遭遇暴雨，往往会造成较大的事故损失。暴雨除直接造成道路被淹、人员受困的事故之外，还会引发洪水、泥石流、滑坡等次生灾害，从而造成更大的损失。所以夏季开展研学旅行活动，必须做好应对暴雨天气的充分准备。

（2）洪水

洪水也是一种常见的自然灾害。根据不同的形成原因，洪水分为暴雨洪水、融雪洪水、冰川洪水、冰凌洪水、溃坝洪水等。但所有的洪水归根结底都是由于天气原因造成的。

（3）雷击

雷雨是夏天常见的天气现象，伴随雷雨产生的雷击现象也是夏季出行必须要特别防范的自然灾害。在研学旅行的行前课程中，应对学生提供雷雨天气发生雷击灾害的天气条件和环境条件、在雷雨天避雨防雷等安全知识方面的培训。

（4）台风

台风突发性强、破坏力大，是最严重的自然灾害之一。研学旅行过程中如果遭遇台风，每位成员都要掌握台风来袭之前如何避险，台风来袭之时和袭击过后如何自救，最大限度把损失降低到最小。

2.地质风险因素导致的安全问题

（1）地震

地震是由地球内部运动引起的地壳震动。按原因可分为陷落地震、火山地震和构造地震。其中以构造地震最为常见，震动也最为强烈，危害也最为严重。

地震是最典型的不可抗力风险因素。虽然地震发生的频度较小，但一旦发生其危害很大。不过在地震发生时也不是没有逃生机会，每个人都要掌握地震时紧急避险和科学自救的知识与技能，研学旅行导师必须掌握地震救援的知识与技能。

（2）地陷

地陷又称为地面沉降或地面下沉。它是在人类工程经济活动影响下，由于地下松散地层固结压缩，导致地壳表面标高降低的一种局部的下降运动（或工程地质现象），是目前世界各大城市的一个主要工程地质问题。它一般表现为区域性下沉和局部下沉两种形式。区域性下沉过程相对比较缓慢，对短期的研学旅行活动一般不构成威胁。而局部下称有时是突然发生的下沉，这种地陷发生时路面上有时会突然出现一个大坑，如果人员正好经过，就会造成严重事故。近年来关于城市道路发生地陷的报道屡屡见诸报端，已经成为一种需要特别关注的灾害。

（3）落石

位于高处的岩石或碎石由于不稳固，当其受到某种扰动（如动物经过、突然大风、轻微地震等）时会滚落下来从而对下方的人员产生威胁。

3. 天气与地质共同作用导致的安全问题

（1）泥石流和滑坡

泥石流是一种含有大量泥沙、石块等固体物质的特殊洪流。滑坡是斜坡上的岩体或土体由于种种原因在重力作用下，沿一定的软弱面整体向下滑动的现象，俗称"走山""地滑""土溜"等。

泥石流和滑坡是由于天气原因和地质因素共同作用导致的一种破坏性极强的自然灾害。研学旅行线路勘察时必须对学习资源的地质特点和气候特点进行综合分析，对于发生泥石流和滑坡风险较大的地点，要做好安全应急预案，并在行前的安全培训课程中对泥石流和滑坡发生的迹象即风险识别特征以及发生时的应对措施进行有针对性的培训。

（2）沙尘暴

指在沙漠中或沙漠附近经常出现的灾害天气。强沙尘暴会对暴露在沙尘中的行人产生严重的安全威胁。

4. 动植物因素导致的安全问题

（1）植物伤害

常见的植物伤害包括割伤、划伤、刺伤、中毒、过敏等。

（2）动物伤害

常见的动物伤害有狗咬，蜂蜇，毒虫叮咬（如蚊子、蜱虫、牛虻、蚂蚁），蛇咬，野兽袭击（如野猪、熊、狼），鼠害等。

5. 流行疾病突发导致的安全问题

研学旅行所在地由于天气、卫生等原因突发流行性疾病时，会对研学旅行团队成员的健康产生严重威胁，必须及时采取防范措施。

（二）人为因素产生的安全问题

在安全生产管理领域，一些安全管理专家通过对170万宗事故进行研究和分析，总结出意外事故通常分为三大类：（1）人为因素：由于人为因素或缺乏效率导致的不安全动作与行为造成的事故，占事故总数的88%。（2）工程因素：由于计划不足或没有妥善工作程序（即安全措施或标准化操作）的工作与行为造成的事故，占事故总数的10%。（3）不可避免事件：因自然灾害或已经采取一切可行的预防步骤仍出现的事故，占事故总数的2%。

在研学旅行中，安全事故的发生也是以人为因素导致的事故为主。

1. 个人因素产生的安全问题

根据个人的心理因素、身体因素、知识能力因素和行为习惯因素等，可以总结出研学旅行安全管理中的12种危险人。

（1）违纪违规的"大胆人"

这种人存有一种侥幸心理，有个显著特点：他们不是不懂安全工作规程，也不是缺乏安全知识，更不是没有安全管理的能力，而是"明知故犯"。他们总是认为违规不一定出事，出事不一定伤人，伤人不一定伤己。这些人视规则为无物，不仅对自己不负责任，也往往会对他人造成潜在的安全风险。

（2）冒险蛮干的"危险人"

这类人的特点突出表现为争强好胜，爱出风头，能力不强但自信心过强，不思后果、蛮干冒险。往往以挑战规则为乐事，以违规显示自己的与众不同，引起别人的关注。

（3）冒失莽撞的"勇敢人"

这类人有一种冒险心理，他们往往不走寻常路，偏向险处行。他们把研学旅行当成探险活动，使自己或同伴处于危险之中。

（4）盲目从众的"糊涂人"

这种人有较显著的从众心理，自己没有主见，容易被人忽悠，盲目听从别人的意见或追随别人的行为，他们不辨是非，不能独立地辨识风险。这种人表面上看对别人似乎不构成危害，但实际上会助长他人的错误行为，把自己的安危寄托在别人身上，对自己也是一种不负责任的表现。

（5）大大咧咧的"马虎人"

这类人行为上表现为马马虎虎，大大咧咧，对安全要求和管理规定不放在心上，置若罔闻，盲目自信。他们做事往往我行我素，随意率性，对自己要求松懈，对别人不负责任。这样的人在研学旅行过程中不定什么时候就可能就会造成麻烦。

（6）对抗逆反的"叛逆人"

这些人有较强的逆反心理，表现为无视社会规范或管理制度的对抗性心理状态，一般在行为上表现出"你让我这样，我偏要那样；越不许干，我越要干"等特征。在处于青春期的学生中这样的人并不少见，需要在研学旅行过程中特别予以关注。

（7）投机取巧的"懒惰人"

这类人有一种明显的惰性心理，也称为"节能心理"，是指在活动中尽量减少能量支出，能省力便省力，能将就凑合就将就凑合的一种心理状态。表现在干活图省事，做事嫌麻烦，能应付就应付，得过且过。他们往往对安全管理要求的执行大打折扣，从而造成重大的安全隐患。

（8）急于求成的"草率人"

这类人有一种求快心理，有这种心理的人具有一种任务感，想尽快完成某项任务而不够冷静，不能全面感知、评价整个系统的即时状态而酿成事故。在研学旅行课程中，这类人在拓展训练和制作体验类活动中往往会产生安全问题。

（9）不能自制的"好奇人"

这类人有强烈的好奇心理。好奇心人皆有之，但这类人缺乏自我控制能力。他们对于以前未见过的事物，感觉很新鲜，乱摸乱动，使参观的展品、文物处于不安全状态，从而影响自身或他人的安全以及展品和文物安全。

（10）手忙脚乱的"急性人"

"急性子"其实是一种紧张心理的表现，当发生某些突发事件或非常规事件时，这些突然而又强烈的刺激会引起严重的心理紧张，使大脑歪曲感知信息而陷入混乱，能力下降。此时这类人往往会手忙脚乱，无所适从，从而造成事故或使事故造成的影响进一步扩大。

（11）固执己见的"经验人"

这类人有一种经验心理，单纯凭自己的直接经验行事，不把安全规则当回事，认为凭自己的经验行事不会酿成事故，或者认为某些安全规定是小题大做，根本没有必要，认识不到违反规定的危险性。

（12）不会休息的"疲惫人"

研学旅行是消耗大量体力和精力的实践性课程，课程实施过程中需要保持良好的体力和充沛的精力。而有些人在该休息的时候不能好好地休息，导致在活动的时候疲惫无力，精神萎靡，出现注意力不集中、感知不清晰、动作紊乱失调、记忆和思维障碍、情绪低落、意志衰退等症状。疲劳不仅会危及身心健康，还会降低风险辨识能力，引发安全事故。

以上这12种人，都是研学旅行课程实施中安全事故的风险源。个人因素导致的安全问题，基本上都可以归结为因不能严格遵守安全注意事项而导致的安全问题。

2. 管理因素产生的安全问题

（1）研学导师的能力素养因素导致的安全问题

由于安全管理存在的瑕疵而导致的安全问题中，因研学导师的能力素养问题导致的安全问题是常见的安全问题。

研学旅行教学团队是一个特殊的教学团队，团队成员由教育和文化旅游领域的人员组成，每个领域的成员其原有的知识结构都满足不了研学旅行课程的能力需求，课程的实施需要双方通力合作、优势互补。当需要团队成员独立承担某项任务时，由于知识结构缺陷导致的能力素养不足就可能引发安全问题。当需要团队成员协调配合完成某项任务时，由于合作能力的缺陷导致配合不够和谐，也同样可能引发管理方面的安全问题。

（2）课程设计及应急预案因素导致的安全问题

研学旅行课程设计对专业能力的要求非常高，由于课程设计人员的能力所限导致课程设计不够专业，线路规划不够合理，特别是如果安全管理方面的设计存在瑕疵，可能会导致严重的安全风险。这类问题主要表现在三个方面：

① 安全注意事项设计瑕疵引发的安全问题。在课程方案中没有安全注意事项或安全注意事项不具有针对性，对学生起不到安全指导作用，致

使学生无法正确辨识安全风险，所列出的注意事项不能够避免安全事故的发生。

② 安全防范措施设计瑕疵引发的安全问题。课程设计在安全防范措施方面设计不够全面，措施不够科学，起不到防范安全事故发生的作用。

③ 安全应急预案设计瑕疵引发的安全问题。应急预案覆盖的事故类型不够全面，涉及人员的岗位责任不够清晰，预警条件不够明确，操作流程不够严谨科学，都会导致安全事故的损失得不到有效控制。

（3）出行时间及学习资源选择因素导致的安全问题

国家相关文件都明确要求，研学旅行出行时间要尽量错开旅游高峰期。在旅游高峰期出行，因为车辆拥堵，景区游客集中，往往容易出现安全问题。特别是如果出行时间选在目的地的雨季或台风季，安全事故发生的概率会大大增加。

如果没有进行细致的线路勘察，对研学学习资源没有进行认真的考察，对学习资源所存在的安全风险没有清晰的识别，没有针对学习资源所固有的安全风险采取规避措施，安全事故的发生就很难避免。

（4）交通工具因素导致的安全问题

交通工具因素产生的风险很多，比如车辆、船舶故障等。这些因素表面上看是物的问题，实际上还是管理的问题。由于没有建立行前车辆安检制度，或者制度没有得到有效执行，从而导致车辆、船舶带病出行，最终发生安全事故。

（5）教学设施及防护装备因素导致的安全问题

这方面的问题主要存在于拓展训练基地以及博物馆、科技馆等场馆。在拓展训练基地，各种教学训练器材和防护设备必须定期进行安全检查，实施研学线路勘察时必须对这些设施和装备进行全面检查，在课程实施前安全员、项目组长还要对其进行安全预检。在博物馆、科技馆等场馆中主要是注意文物或展品的安全，不能因为学生的个人行为导致文物和展品受到破坏。

（6）人文环境因素导致的安全问题

在国外或国内少数民族地区研学旅行时，由于文化差异、信仰差异和生活习惯差异，也会引起一些安全风险。所以行前必须开设相关的课程，指导学生遵守当地的法律和制度规范，尊重当地的风俗习惯和宗教信仰。

（7）因违规操作导致的安全问题

① 因招投标的恶性竞争导致的安全问题。有的承办方为了取得中标资格，在招投标工作中违反规定，压低报价恶意竞争；中标后为了减少成本增加利润，在课程实施过程中降低安全防范措施的标准，减少开支，从而使得安全保障标准下降，带来严重的安全风险。所以，在研学旅行招投标时，主办方不宜采用最低价中标的方式招标。

② 课程项目分包转包导致的安全问题。有的承办方在项目中标后把课程项目转包或分包给他人，在转包过程中新的承办人因获得的利润空间显著缩小，而在课程实施过程中偷工减料，降低标准，使课程实施的安全风险被放大。

③ 承办方不按协议规定实施课程导致的安全问题。有的承办方不讲诚信，在课程实施的过程中不按照协议履行义务，在交通、住宿、饮食等各个环节偷工减料，或者不按照合同约定配备教学团队成员，从而使课程实施过程存在重大安全风险。

第二节　依据学习资源属性的安全问题分类

一、文化属性、历史属性和教育属性学习资源的安全问题

1. 三类学习资源的界定

文化的概念内涵极为丰富，从而很难给出一个精准的定义。一般来说，文化是相对于政治、经济而言的人类全部精神活动及其活动产品，是人类社会历史发展过程中所创造的物质财富和精神财富的总和。狭义的文化特指精神财富，如文学、艺术、教育、科学等，这一类学习资源包括综合类的博物馆、文学馆、美术馆、文化名人纪念馆、各类主题教育基地、民俗博物馆等。

具有历史属性的学习资源一般也都具有文化属性，或者说历史本身就是文化的重要组成部分。但在研学旅行的学习资源中，有的学习资源更突出表现出不同于其他文化资源的史学特征，如各类历史博物馆、历史名人纪念馆、重大历史事件的遗址或纪念馆等。

研学旅行所有的学习资源都具有教育属性，但有的学习资源以教育属性为主，例如著名高等院校、各类爱国主义教育基地、户外教育营地、青少年户外体育运动营地等。

具有文化属性、历史属性和教育属性的学习资源的安全问题具有相似的特征。

2. 以文化属性、历史属性和教育属性为主的学习资源安全问题分类

（1）人的安全问题

相对而言在这类资源的学习过程中人的安全风险较低。主要安全问题是拥挤踩踏导致的安全风险。

在各类场馆中参观学习时，要注意按照参观的注意事项有序参观，注意前后队伍保持适当间距。特别是在通道狭窄的地方，研学导师务必组织好疏导，团队人员较多时要做好分组，走不同线路，或者错开时间分批参观，避免在同一位置人员扎堆，尽量避免不同小组逆向行进的情况。在遇到紧急情况时迅速按照预案安抚学生，有序撤离。

个体成员务必按照研学手册中的注意事项和研学导师以及场馆讲解员和组织管理人员的要求进行参观学习，特别是不能违反禁止性规定，以免引发安全事故。

（2）物的安全问题

以文化属性和历史属性为主要特征的学习资源绝大多数为场馆形态，场馆中学习内容的承载物通常为文物和展品。文物和展品的安全问题是这类学习资源中最突出的安全问题。

① 不当接触导致的文物与展品的安全问题

不当接触导致的文物与展品的安全问题包括以下几种情况：

第一，恶意损坏。比如在文化遗址或遗迹的不可移动文物上乱刻乱画，故意破坏文物展品的行为。

第二，违规损伤。比如有的文物对湿度、电解质反应敏感，不允许触摸，但有的游客无视禁令，由于好奇心驱使，违规触摸文物，尽管其本人不是故意伤害文物，但其行为会对文物造成潜在的或事实的伤害。

第三，意外损伤。由于观察疏忽或者外在干扰（比如拥挤）导致与文物或展品的意外触碰对文物或展品造成的损伤。

②非接触违规行为导致的文物与展品的安全问题

有的文物或展品对强光比较敏感，所以场馆会明确提示不允许用闪光灯拍照，但有的游客却无视规定随意拍照，从而对文物或展品造成潜在的损害。

③违规操作造成的损伤

有的场馆（比如民俗博物馆），为了增加研学课程的体验性，会提供一些可操作的文物复制品供学习者体验，比如纺车、机杼、皮影等，但这些复制品的使用有一定的技术要求和操作规范，如果不按照师傅所指导的操作规范操作，就有可能对这些展品造成损害。

二、自然属性学习资源的安全问题

1. 具有自然属性的学习资源

具有自然属性的学习资源是观光旅游的主题资源，也是研学旅行的主要学习资源。自然属性的学习资源丰富多彩，千差万别，包括山川湖海，江河草沙、林农牧渔、园田塘坝等。由于自然属性学习资源的丰富性和多样性，其潜在的安全风险类型也更为复杂。

2. 以自然属性为主的学习资源安全问题分类

（1）人的安全问题

由于自然资源的丰富性与多样性，研学团队在不同类型的自然景观中，面对的安全风险也有所不同。

1）以山为主要载体的学习资源的安全问题

第一，山的地质特点导致的风险隐患。山的地质特点不同，有的山上容易有落石，有的山容易有滑坡，有的山路湿滑，这些都是可能造成安全问题的风险隐患。

第二，山的陡缓特点导致的风险隐患。有的山势陡峭，山路狭窄，在这样的山路上行进队员之间容易相互干扰从而产生危险，攀登这样的山，对于队员的体力和体质也是一种考验。

第三，山的海拔特点导致的风险隐患。有的山海拔较高，山上的空气较为稀薄，气温较低，也可能给参观者带来安全问题。

第四，山的气候特点导致的风险隐患。如果是在雨季登山，山洪、泥石流、滑坡等灾害，是对登山者的重大威胁。

第五，山的动植物特点导致的风险隐患。在植被茂盛、动植物资源丰富的山林，参观者往往面临多重风险。一是植物伤害，比如划伤、刺伤、过敏、中毒等；二是动物伤害，比如蜂群、虫蝎、蚊虻、蛇鼠、野兽等可能给团队成员造成伤害；三是在山林中由于视线不好方位难辨，容易迷路。

2）与水有关的安全问题

第一，溺水的安全风险。所有的水上活动，最大的风险就是溺水。与水相关的学习资源形态多样，水的风险表现也不一样，需要专业的风险识别能力。

① 游泳时的溺水风险。比如海边海泳时水底暗流带来的风险、河湖池潭的水下乱石风险、山间水塘的水温风险。

② 乘坐水上交通工具时的溺水风险。包括水上交通工具故障风险、水上交通工具操作失误风险、水上风浪风险、水下暗礁风险、个人错误行为风险等。

③ 水上、水边活动时的溺水风险。违规捕捞时的溺水风险、嬉闹失足落水风险、参观塘坝时的失足溺水风险、水边护栏等防护设施失修等带来的安全风险。

第二，因水受困的安全风险。这一类的安全风险通常是由于水情的突然变化而导致的安全事故。应对这类安全风险需要对风险状况进行严密的风险监控，根据风险情况的变化随时调整风险防范措施。这类安全风险主要包括以下情况：

①海水涨潮被困礁石的风险。

②河水暴涨被困的风险。

③洪水冲垮道路被困的风险。

④水上交通工具产生故障导致被困的风险。

第三，与水有关的疾病与伤害风险。如洪水过后导致的灾区疫情风险、水源污染导致的疾病风险、水下动物造成的人身伤害风险等。

3）沙漠的安全问题

沙漠的安全问题主要源自地貌特征、动植物特征。

第一，沙漠环境下长时间活动的脱水风险。

第二，沙漠中的尘暴风险。

第三，沙漠中迷路的风险。

第四，沙漠中动植物伤害风险。

第五，沙漠中防护不当造成的灼伤和晒伤风险。

4）草原的安全问题

草原的安全问题主要源自地貌特征、动植物特征和气候特征。

第一，高湿环境下的中暑风险。

第二，草原上迷路的风险。

第三，草原上动植物的伤害风险。

第四，大温差造成的健康疾病风险。

（2）物的安全问题

1）地物保护问题

地物保护主要是指保护具有典型特征的地表附着物，如丹霞地貌的地表层、景区的重要碑石及人工建筑物等的保护。

2）植被保护问题

景区地表植物被践踏碾压、花木被攀折伤害等，都是常见的植物伤害问题。

3）动物保护问题

对动物的惊吓、过度亲近、不当投喂、遗弃垃圾误食等都可以对动物造成伤害，必须严格禁止这些不当行为，并对行为人进行处罚。

4）个人物品保护

以自然属性为主要特征的学习资源的学习通常是户外学习，是运动中的学习，在这种情况下学习要保护好自己的财物不被盗、不遗失、不损害。

三、科技属性学习资源的安全问题

1. 具有科技属性的学习资源

具有科技属性的学习资源指以表现科学与技术的历史、现状及未来发展和应用为主要任务，以传播科学知识，培育科学精神为主要目标的学习资源。例如各地的科技馆、专业研究所、工厂的生产车间、大学及研究机构的实验室、工业遗址公园、农业实验田等。

2. 以科技属性为主的学习资源安全问题分类

（1）人的安全问题

① 设施设备的安全风险。具有科技属性的学习资源，其学习内容的承载物主要是各类科学研究或生产用的设施设备。有的设施设备操作要求较高，往往需要具有专业技能的人员操作，非专业人员操作可能会带来危险。对于允许动手操作体验的设施设备，要认真听取讲解员讲解或认真查看使用操作说明，按照操作规程操作，以免发生安全事故。

② 试剂药品的安全风险。在进行化学、生物实验时，化学试剂的毒性和腐蚀性是重要的安全风险。

③ 现场环境的安全风险。在工厂车间、工业遗址公园、农业实验田参观学习时，要注意现场环境中的安全风险。

（2）物的安全问题

① 设施设备的安全

设施设备操作不当，不仅对操作者带来安全风险，对设施设备也会造成损坏。在参观学习和操作体验时，必须遵守操作规程，爱护设施设备。

② 药品物料的安全

在生产车间和实验室参观学习时，要注意爱惜实验药品、生产原料和生产成品，不要对药品和原料造成污染和损坏，不干扰工作人员和实验人员的正常工作，以免影响生产，对产品质量和生产进度造成影响。在农业实验田参观学习时，要爱惜农作物秧苗和籽实，不得对作物造成损害。

第一节　交通事故

·

一、公路交通事故的应对和处理

在研学旅行的各类安全事故中，交通事故是最让人担心的事故，因为交通事故是造成群死群伤重大损失风险最大的安全事故。交通事故也被称为"马路上的战争"。

在各类致人死亡的安全事故中，道路交通事故死亡率所占的比重最大。近100年来，全世界死于车祸的人数已超过2 000万，目前，平均每年大约有50万人死于车祸，最近几年死于交通事故的人数两倍于100年来的平均值。每年大约有40万25岁以下的青少年死于交通事故，数百万青年受伤或致残，交通事故已成为青少年死亡的主因。

中国正处于交通事故的多发期，进入21世纪以来，道路交通事故年平均死亡人数10万人，平均每天有280多人死于车祸，其中中小学生占总人数的8%左右。中国汽车总量占全球汽车总量的1.9%，交通事故造成的死亡人数却占世界交通事故死亡人数的15%。我国交通事故的致死率为27.3%，居世界首位，而美国仅为1.3%，日本只有0.9%。

交通事故主要是由驾驶员的不安全行为造成的，而驾驶员的不安全行为主要来源于安全意识淡薄、麻痹大意、违法行车、无德驾驶。

乘车人员的安全意识淡薄也是增大事故损失的重要原因，特别是有的乘车人员不按规定使用安全带，给自己造成重大的安全风险。汽车事故调查表明，在发生正面撞车时，如果系了安全带，可使死亡率减少57%，侧面撞车时可减少44%，翻车时可减少80%。

我国使用安全带的规定：《中华人民共和国道路交通安全法》第五十一条规定，机动车在行驶时，驾驶人、乘坐人员应按照规定使用安全带。

（一）研学旅行交通事故的预防

1. 驾驶员

（1）必须认真遵守《道路交通安全法》，严格遵守交通法规，自觉谨慎驾驶，做到依法行驶、文明行驶、安全行驶。

（2）认真做好"三检查"（出车前、出车中、出车后车辆检查），确保"四良好"（制动、转向、灯光、信号良好），"两整洁"（车容整洁、车内整洁）。

（3）严格遵守安全驾驶操作规程，随身携带驾驶证、行驶证及相关有效证件。驾车时不准闲谈、吸烟、吃零食、接（打）手机，不准穿拖鞋驾驶车辆，严禁酒后驾车。

（4）驾驶途中不得做与工作无关的事情，不超速，不违规超车。

（5）执行任务时必须确保身体及心理健康，不酒驾、病驾、毒驾，不疲劳驾驶，不带情绪驾驶。

2. 安全员

（1）监督或协同驾驶员进行车况检查，落实"三检查"，确保"四良好""两整洁"。

（2）行车前观察并询问驾驶员状况，确保驾驶员身体及精神状态适合执行任务。

（3）行车中观察路况，提醒司机不疲劳驾驶。连续行车超过4小时，安全员要安排停车休息至少20分钟。

（4）上车后提醒并逐个检查全体驾乘人员是否正确使用安全带。

（5）下车时，先下车观察车辆周围状况，在确保安全后组织学生下车。

（6）团队徒步行进时，在队伍左侧中前位置守护指挥。

3. 研学导师

（1）上车后协助安全员检查每个人的安全带使用情况。

（2）团队徒步行进时，研学导师要在队伍左侧，队前、队尾组织学生有序行进；穿越马路时按照信号灯指示通行，在没有信号灯的路段穿越马路时，要确保安全，组织学生注意观察行驶车辆。

4. 学生

（1）上下车时听从指挥，有序上下，下车后迅速在车辆右侧安全处集合。

（2）上车后按要求正确使用安全带。

（3）行车过程中不要把手、手臂和头伸出车窗。

（4）不在车内嬉闹、走动。

（5）在徒步行进时遵守交通规则，听从安全员和研学导师的指挥。

5. 文明交通行为常识

（1）倡导"六大文明交通行为"

① 大力倡导机动车礼让斑马线；

② 机动车按序排队通行；

③ 机动车有序停放；

④ 文明使用车灯；

⑤ 行人和非机动车各行其道；

⑥行人和非机动车过街时遵守交通信号。

（2）摒弃六大交通陋习

①机动车随意变更车道；

②占用应急车道；

③开车打手机；

④不系安全带；

⑤驾乘摩托车时不戴头盔；

⑥行人过街时跨越隔离设施。

（3）抵制六大危险驾驶行为

①酒后驾驶；

②超速行驶；

③疲劳驾驶；

④闯红灯；

⑤强行超车；

⑥超员/超载。

（二）各类交通事故的紧急应对

1.汽车迎面相撞或追尾前方车辆时的紧急应对

（1）如已无法避免相撞，驾驶员应迅速横移下滑座位，侧身抱头，避免方向盘挤压胸部。

（2）副驾位置上的乘员要立即抱头躺在座位上，或双手握拳用手腕护住前额，同时屈身抬膝护住腹部和胸部。

（3）其他乘员应迅速向前伸出一只脚顶在前面座椅背部，在胸前屈肘，双手张开保护头面部，背部后挺，压在座椅上。如来不及采取以上措施，应迅速用双手向前推扶手或椅背，两脚一前一后用力向前蹬，以缓冲身体的前冲力。

（4）发生车辆碰撞时不要大喊大叫，应紧闭嘴唇，咬紧牙齿，以免相撞瞬间咬坏舌头。

（5）撞击结束后要设法立即离开汽车。

2. 后方有车追尾冲撞时的紧急应对

（1）驾驶员发现后面车辆失控有追尾风险时，如果前方车辆距离足够远，应立即加速行驶，切忌急打转向避让，以免引起车辆侧翻。

（2）车辆行驶过程中乘员应将头部倾靠在背椅的头垫上，这样在后方车辆追尾撞击时，可以用背部来承受来自后面的撞击力，从而减轻伤害。

（3）如发现后方车辆即将追尾，应立即卧倒在座位上，用手臂和双手护住头部和胸部。

3. 汽车落水时的紧急应对

（1）车辆跌落过程中保持冷静，双手抓紧扶手或椅背，身体后仰，紧贴椅背，随车翻滚，避免在车辆落水前因被撞击昏迷而失去自救机会。

（2）应紧闭嘴唇，咬紧牙齿，以免相撞瞬间咬坏舌头。

（3）汽车落入水中后驾驶员要迅速打开车灯，以便营救人员施救时及时发现目标。

（4）安全员担任临时指挥，研学导师与安全员一起安抚学生，观察水位，组织力量较大的男生手持安全锤在车窗处准备，当车内水位到达颈部，内外压力差不多时，开门破窗，有序离开汽车。

4. 汽车驶出路面时的紧急应对

（1）汽车两轮或一轮驶出路面，车身搁骑在路肩上时

① 安全员和研学导师应迅速安抚学生保持镇静，组织靠近外侧的学生携带随身物品向内侧缓慢移动，使车辆重心向内侧转移，并增大路面上的轮胎胎压，保持车身平衡。

② 驾驶员从靠近路面一侧的车门缓慢下车，判明险情，并设法稳固车身。

③ 如发现车轮已经悬空，可用备用绳索先将车身拴在公路上的固定物

体上。

④ 车身稳定后，再组织车内人员有秩序地下车。前轮悬空时，应组织前部人员先下车，后轮悬空时，应组织后部人员先下车。后下车的人务必沉着冷静，不要急躁。

⑤ 如果汽车冲下路基，驾驶员应首先使车辆保持平衡，防止侧翻，车辆停下后立即切断汽车电路，防止漏油发生火灾。

（2）汽车冲出路面发生翻滚时

① 车内人员在意识丧失以前，应用双手紧握扶手或前方椅背并紧靠后背，避免在车内来回碰撞。

② 驾驶员应紧握方向盘，与车身保持同轴滚动，使身体不在车内来回碰撞。

5. 严重事故时车内人员的自救

（1）发生交通事故时，车内被困人员应采取措施逃至车外；无法从车门逃出时，可击碎车窗玻璃逃出。

（2）所乘车辆着火时，应设法迅速逃离所乘车辆；当车内已有大量烟气时，应用衣物捂住口鼻后，再设法逃出，以防吸入大量有毒、有害烟气而窒息。

（3）从车中逃出后，要远离事故发生地点，防止因车辆着火、爆炸而对自己造成伤害。

（三）交通事故的应急处置

1. 迅速启动《交通事故应急预案》。迅速拨打电话120或119，请求急救中心抢救伤员，同时，迅速拨打110电话请求交管部门处理事故。

2. 项目组长和学校领队分别向承办方和主办方领导报告事故情况，各方领导要根据事故严重程度启动相应等级的应急响应，迅速报告上级领导部门。

3. 在事故现场项目组长和学校领队为现场指挥，要尽快采取科学措施抢救伤员，如项目组长或学校领队失去指挥能力，研学旅行安全员或其他研学导师要承担应急指挥责任，直至警务和医疗等专业救助人员到场。

4. 随队医生和安全员要根据岗位职责组织人员对伤员进行紧急救治。首先要对流血伤员进行紧急止血处置，对发生骨折的伤员，不要移动骨折部位，应等待救护人员到来后进行处理。对伤势较重或无力自救者，要等待医务人员抢救。同时，把其他没有受伤的学生带到安全地带。

5. 维持现场秩序，记录肇事车辆车牌号码，等待交管部门处理。如发现肇事车辆已逃逸，可向事发现场的人员了解车辆车牌号码、颜色、车型等信息，以便于交管部门调查。

6. 在上级部门领导下组织相关人员成立相应的工作小组，分别做好伤亡学生家长的工作、保险理赔工作，协助交管部门做好事故调查处理工作等。

二、道路堵车的应对方法

研学旅行行车途中难免会遇到堵车。在遇到堵车时，研学导师团队要安抚好学生，利用堵车时间组织有意义的活动，驾驶员要科学应对堵车状况，安全员要注意防范在堵车过程中团队遇到的安全风险。

（一）长时间堵车时研学导师团队的应对策略

1. 调节团队保持良好心态

研学导师要想办法了解堵车的原因，如果是高速公路上堵车，有可能是因为前方有重大事故或道路险情发生，事故处理所需要的时间可能较长，此时研学导师团队要设法组织活动，缓解团队成员的紧张和焦虑。

2. 根据预计的堵车时间，与下一学习景点或食宿单位协调时间安排。

3. 将有关情况报告学校或承办方领导。

（二）驾驶员在堵车时的应对技巧

1. 高速公路长时间堵车时要尽快查明堵车原因，将有关情况告知研学导师，配合安抚学生情绪。必要的情况下研究行程替代方案，可能的话在最近高速出口驶出，执行新的路线方案。

2. 在因车辆过多造成堵车时的应对技巧

（1）进行适当刹车

在堵车路段行驶要保持车速平稳，并随时准备刹车，脚不要长时间或频繁放在刹车踏板上。另外，在制动过程中宜用脚掌轻踩刹车，这样相较于脚尖刹车的动作更为迅速，且刹车效果好。

（2）尽量不随意熄火

为了省油驾驶员可能直接关闭发动机等待，这样容易导致二次刹车失效。因为制动系统是靠发动机运作时产生的负压协助制动的，当发动机不熄火时，残留的负压会被一次性用光，仅能提供一次刹车机会。

（3）学会巧妙跟车

堵车时，尽可能与前车在左方向上错开一点，能够看到前车的前车，这样会给刹车和起动留有足够的准备时间。同时，要保持适当（两米左右）的车距，不要留出很大的空隙给其他车辆有可乘之机，也尽量不要变线，以保证一定的行车安全。

（4）提前进入目标车道

在堵车路段，尤其是交叉路口处，容易因为一些车辆强行插入而导致直行车道塞车，这时一定要注意提前避开导致堵车的车道，这样可以更快捷更顺利地通过堵车地带。

（三）长时间堵车时安全员的防范措施

1. 提醒下车休息人员注意安全，观察周围车辆和人员情况。

2. 守护车内财物安全。

3. 协助研学导师进行人员组织。

三、铁路事故的应对和处理

（一）铁路事故的预防

1. 乘车进站时自觉接受安检，不得把危险品带上车。

2. 站台候车时不得越过黄色警戒线，自觉排队，严禁在站台上嬉戏打闹。

3. 列车到站后先下后上，上下车时注意车门和站台之间的缝隙。

4. 上车后尽快落座，不在车厢内来回走动，不在车厢连接处逗留。

5. 倒热水时不要过满，以免在列车晃动时热水溅出烫伤自己或他人。

6. 乘坐高铁列车不得在车厢内任何位置吸烟，以免引起烟雾报警导致列车自动停车，影响行车安全。

7. 列车正常行驶过程中不得碰触车厢、厕所内标有红色标志的紧急制动阀等按钮以及各种仪表。

（二）铁路事故的紧急应对

1. 察觉到列车紧急刹车时，应立即意识到将有危险情况发生，要立即采取安全的姿势避险。

2. 如果座位靠近门窗，应立即离开，迅速抓住车厢内牢固的物体，以防门窗玻璃伤害或被抛出车厢外。

3. 如果座位不靠近门窗，应留在原位，抓住牢固的物体或紧靠在床铺、座椅或车壁上。低下头，下巴贴近胸前，以防头部受伤。

4. 在通道上的乘客应面朝行车方向屈身蹲下，双手护住后脑部，防止冲撞或落物击伤头部。如车内不拥挤，应双脚朝向行车方向，双手护住后脑部，用膝盖护住腹部，屈身躺在地板上，用脚蹬住座椅或车壁。

5. 在厕所里的乘客应背靠行车方向的车壁，坐在地板上，双手抱头，屈身抬膝护住腹部。

6. 对面安排座位的列车上，面向行车方向坐的乘客要马上抱头屈肘，护住脸部，伏在前面的小桌或坐垫上，或者马上抱头朝侧面躺下。背朝行车方向的乘客应马上用双手护住后脑部，同时屈身抬膝护住腹部和胸部。

7. 乘坐高铁的乘客应立即收起小桌板，双手抓紧扶手，用脚蹬紧前方座椅后背，头和后背紧贴座椅靠背，或者迅速背靠前方座椅屈膝蹲下，双手抱头，双脚蹬紧座椅。

8. 列车出轨时不得跳车。

9. 列车停下后，应迅速就近破窗离开车厢，跳窗时应注意对面是否来车，并注意跳车方法。跳下后迅速撤离，不可在车厢附近逗留徘徊。

10. 离开列车后应设法报警求援。

（三）铁路事故的应急处置

1. 项目组长和学校领队分别向承办方和主办方领导报告事故情况，各方领导要根据事故严重程度启动相应等级的应急响应，迅速报告上级领导部门。

2. 在事故现场项目组长和学校领队为现场指挥，要尽快清点学生，清查伤亡情况，迅速采取科学措施抢救伤员，如项目组长或学校领队失去指挥能力，研学旅行安全员或其他研学导师要承担应急指挥责任，直至警务和医疗救援等专业救助人员到场。

3. 随队医生和安全员要根据岗位职责组织人员对伤员进行紧急救治。对流血伤员进行紧急止血处置，对发生骨折的伤员，不要移动骨折部位，应等待救护人员到来后进行处理。对伤势较重或无力自救者，要等待医务人员抢救。同时，把其他没有受伤或受轻伤的学生带到安全地带。

4. 在上级部门领导下组织相关人员成立相应的工作小组，分别做好伤亡学生家长的工作、保险理赔工作，协助相关部门做好事故调查处理工作等。

四、航空事故的应对和处理

（一）航空事故及其伤害的个人预防

1. 自觉接受安检，不得携带违禁物品登机。

2. 登机落座后系好安全带，认真收看、聆听空乘人员播放的乘机安全指南。在安全带指示灯亮时不要松开安全带。

3. 根据空乘人员的提示按照要求关闭手机、电脑，或者把手机、电脑调整到飞行模式。

4. 全程服从空乘人员管理，紧急情况下听从空乘人员指挥，不可擅自行动。

（二）航空事故的紧急自救

1. 客机起降时失事的自救

（1）飞机准备紧急着陆或迫降水面时，要保持镇静，迅速穿好救生衣。察看飞机可能的迫降地点，如果迫降在陆地，立即拉下救生衣下部左右两侧的拉手，使其自动充气膨胀，以减轻着陆时产生的冲击力。如果迫降地点在水上，则不可事先给救生衣充气，否则，在狭窄的机内通道上，充气的救生衣可能成为逃生的障碍。

（2）迅速取下眼镜、高跟鞋、假牙以及随身携带的尖锐物件，将其放在前方座椅后的口袋里，以防这些物品在碰撞时划伤身体。

（3）在椅子上坐稳，将背部紧贴在椅背上，可以将一个枕头放在下腹部，并用安全带系于腰部，不要过紧，也不要系在腹部。

（4）将救生衣围在头部周围，再用毛毯或衣服把头包起来，代替安全帽。

（5）盘腿坐在椅子上，以防剧烈撞击椅子向前移动时被挤压致死。

（6）当氧气不足或气压调节装置发生故障时，机舱内氧气减少，会感到呼吸困难，此时可以将口鼻对着吸杯口，呼吸座位上方氧气筒里的氧气。

（7）当机舱内有烟雾时，用湿巾掩住口鼻，头尽量贴近地面，俯身向太平门移动。

（8）飞机迫降停下后，迅速打开太平门，逃生滑梯自动充气展开，迅速以坐姿跳上滑梯逃生，不要拿行李。

（9）如果迫降在陆地上，要迅速逃离现场。

（10）如果迫降在海上，除救生衣外，飞机上的坐垫也可以作为浮袋使用。此时充气滑梯就是救生艇，艇上备有紧急发报机和3天左右的干粮。上艇后背靠外肩并肩围坐，保持镇静，等待救援。

（11）乘务员对受伤乘客紧急施救。

2. 失事飞机着陆后的自救

（1）如果确定飞机没有起火、爆炸等危险，不要离开飞机，在飞机内等待救援。

（2）如果飞机起火，应尽快设法逃离飞机，应远离现场100～200米，离开烟雾区。如果伤重不能移动，则背向现场，俯身卧地，张口掩耳，防止爆炸造成伤害。

（3）保持镇静，保存体能，等待救援。

（4）利用一切可以利用的手段发出求救信号。

（三）航空事故的处置

1. 现场处置措施同铁路事故应急处置措施。

2. 航空事故在任何时候都是重大事故，现代航空监控系统完备，飞机失事后会被立即发现，有关机构会立即组织搜救。所以在完成现场紧急处置之后，应耐心等待救援。其后的处置各方应配合民航部门做好善后工作。

五、水上交通事故的应对和处理

（一）水上交通事故的预防

1. 水上交通事故的预防责任主要由船舶驾驶人员承担。作为研学旅行业务的承办方，要确保作为供应方的船舶租赁公司提供的船舶资质齐全、安全可靠，机务人员业务精湛，责任心强。

2. 船舶驾驶人员必须熟悉航行线路上的水面和水下状况，能够有效应对恶劣天气引发的风浪和水下暗礁带来的风险。

3. 船舶驾驶人员必须坚守岗位，遵守水上交通安全管理规则，密切观察过往船只，及时避让，避免撞船事故。

（二）水上交通事故的紧急应对

1. 船舶相撞时的自救

（1）意识到危险时立即下蹲，抓住身边的固定物，以免被撞伤或抛入水中。

（2）碰撞停止后保持镇静，服从统一指挥。

（3）撤离船舱时尽可能地多穿衣服，戴上手套、围巾，穿好鞋袜，然后穿上救生衣。如果有可能，带上一件大衣或毛毯。

（4）尽量带上些淡水、食物。

（5）如船长宣布弃船，应按照指令迅速到甲板或救生艇处待命。有秩序地登艇，不可争抢，避免引发混乱，导致意外事故。

（6）当船要沉没时，要迅速将救生艇驶离沉船位置，以免被卷入沉船引起的旋涡中去。

（7）当需要沿着船侧的绳索、管道离开船舶时，要手倒手地往下走，不要往下滑行，以免摩擦伤手或失去速度控制。

（8）落水后应尽量借助各种漂浮物浮在水面，并节省体力，等待救援。

（9）在船舶沉没前无法登上救生艇的情况下，应择机跳船逃生。

① 跳水时应选择离水面较低的位置，通常应选择船头或船尾。若螺旋桨仍在转动，则应离开船尾到船头跳水。

② 跳水前察看水面，应选择干净水域，避开水面上的漂浮物。

③ 跳水时应左手紧握救生衣右侧，夹紧并往下拉，右手捂住口鼻，双

脚并拢，头朝上脚朝下身体保持垂直起跳。

④跳入水中后，要尽快游离沉船到较远的位置，以免被卷入船沉没时引起的漩涡。

2. 翻船后的自救

（1）木制船只翻船时，船只一般不会沉没，人被抛到水中后应立即抓住船舷并设法爬到翻扣的船底上。

（2）其他材料（如玻璃纤维增强塑料、钢铁）制成的船，翻船后船会下沉。但有时船倒扣后会在舱中封闭大量空气，使得船能够漂浮在水面上，这时要设法抓住翻扣的船只，并使船保持平衡，以免空气跑掉，绝不可以把船再正过来。

（三）水上交通事故的处置

如果在研学旅行过程中遇到水上交通事故，务必保持镇静，视事故的不同情况采取不同的处置措施。

1. 发生水上交通事故，船舶受损不严重时，研学导师团队应尽快将学生带到船上安全位置，安抚学生，并指导学生做好撤离准备。

2. 当需要撤离但船舶没有沉没风险时，组织学生根据船上统一指挥，登救生艇或救援船只有秩序地撤离。

3. 若船只损毁严重，需要迅速撤离时，要尽可能优先组织学生利用救生艇撤离。

4. 在船只损毁严重，迅速沉没，来不及组织学生登救生艇的情况下，安全员和研学导师要迅速组织学生进行自救。

5. 事故发生后，要迅速确定事故的严重程度，在第一时间向后方单位领导汇报事故情况，启动应急预案。要尽可能赶在船舶沉没前发出求救信号。

6. 在紧急自救成功后寻找团队成员，设法发出救援信号，等待救援。

7. 在完成撤离后向后方及时汇报人员伤亡情况。

8. 根据安全预案完成事故善后工作。

第二节　重大自然灾害的应对和处理

一、地震

（一）地震前的征兆

1. 大气异常

地震，特别是大地震之前，往往会出现大的异常，如暴雨、大旱、大涝、气温剧变、异常怪风等，大气的温度、湿度、压强等发生明显变化，人的身体会明显感觉不适。

2. 地光

地震发生前由于地下岩石断裂错位，断面间滑动摩擦而产生电磁效应。这种效应会造成大范围的放电现象，高能带电粒子沿着断裂缝隙通向大气层，在低空引起大气电离和发光现象，这就是地光。地光呈片状或球形，也有电火花状的，颜色多为红、黄、蓝、白、紫等多种颜色。地光一般持续时间很短，往往一闪而过，不易观测。地光一般与地震同时出现，在震前震后也经常会出现。一般在震前几十秒到一分钟甚至更长的时间出现地光，所以如果能够准确观测到地光，则会有较大的逃生机会。

3. 地声

地声是地震前自地下深处传来的声响。其声音似打雷、狂风、狮吼、放炮等，声调越沉闷、声音越大，地震越强。地声一般在地震前十几秒到几分钟出现，听到地声时，地震就即将发生了。

4. 地下水变化

大地震之前，地下水会出现水位升降以及水质变化，导致河水、井水变色、浑浊、冒油花、冒气泡、变味等现象。地下水位的变化也会引起河水流量的突然变化。

5. 动物反常

震前有反常行为的动物很多，比较常见的有大牲畜牛、马、驴、骡，常见家畜猪、狗、猫，家禽鸡、鸭、鹅、鸽子，穴居动物蛇、鼠、黄鼠狼，水生动物鱼、泥鳅，两栖动物青蛙、蟾蜍，飞行昆虫蜜蜂、蜻蜓等。

常见的动物反应有三种表现：

（1）异常亢奋。如惊恐不安、狂吠、惊飞、群迁、不进圈等。

（2）异常萎靡。如行动迟缓、发痴发呆、不肯进食等。

（3）习性变化。如冬眠的蛇出洞，大批青蛙上岸活动，老鼠白天活动不怕人等。

（二）震时逃生

1. 紧急避震的四个原则

（1）伏而待定

地震刚发生的12秒时间内，千万不要惊慌，最好先不要动。

面临大地震，人们往往来不及逃跑，最好就近找个安全的角落，蹲下或坐下，尽量蜷曲身体，降低身体重心，注意保护头部和脊柱，等待震动过去后再迅速撤离到安全的地方。

（2）因地制宜

① 从平房逃出去后不要站在院子里，最好的去处是马路边或宽阔的空地。如果有可能，可以再抱住一棵树，因为树根会使地基牢固，树冠可以防范落物。

② 如果住在楼房，地震发生时最好不要离开房间。应就近迅速寻找相对安全的地方避震，震后迅速撤离。

③ 在城市地震应急中，暖气管道大有用处。因为其承载力大，不易断裂；通气性好，不易造成人员窒息；管道内的存水还可以延长被困者的存活期；此外，被困人员还能通过击打暖气片向外界传递信息。

（3）寻找三角空间避险

① 看准位置后迅速躲靠在支撑力大而自身稳固性好的物件旁边，最好靠近狭小的地方，如浴室、储物间。目的是利用房顶塌落时坠落的水泥板与支撑物之间所形成的"三角自然空间"避险。

② 只能靠近桌子、橱柜等支撑物，而不能钻进去，更不能躺在里面。用躺卧的姿势避震更不可取，因为人体的平面面积加大，被击中的概率也随之加大，而且躺卧时也很难机动变位。

（4）近水不近火，靠外不靠内

不要靠近炉灶、煤气管道和家用电器，以避免遭受失火、煤气泄漏、电线短路的直接威胁。靠近水源是保证生命的直接需要。不要选取建筑物的内侧位置，而应该尽量靠近外墙，但是应避开房角和侧墙等薄弱部位。

（三）不同场所的避震方法

1. 如果在野外或路上遇到地震引发的山崩、滑坡，要向垂直于滚石前进的方向跑，切不可顺着滚石的方向向山下跑；为避险，也可躲在结实的障碍物下，或蹲在地沟、坎下，此时，特别要保护好头部。

2. 发生地震时如果汽车正在行驶，司机应尽快减速，逐步刹车。乘客要降低重心躲在座位附近，护住头部，紧缩身体并做好防御姿势。

3. 在场馆、营地等人员集中的公共场所，应先了解周围环境，弄清疏散通道的位置，地震时避免被挤到墙壁或栅栏处，同时还要注意避开吊灯、电扇等悬挂物。

（四）被埋后的自救

1. 设法避开身体上方不结实的倒塌物、悬挂物或其他危险物。

2. 用砖石、木棍等支持残垣断壁。

3. 搬开身边砖瓦杂物，扩大活动空间。

4. 若周围杂物搬不动不要勉强，以防其再次坍塌。

5. 不要随便动用室内设施，包括电源、水源。不使用明火。

6. 地震时粉尘、烟雾和有毒气体的弥漫会十分严重，这是造成人员伤亡的主要原因。应设法用湿衣物捂住口鼻。

7. 无论何种情况都应有强烈的求生欲望。尽可能向有光亮、透气的地方转移，并设法钻出废墟。

8. 如果地震时被困地下室和井下，一般没有必要慌张。相对地面建筑地下建筑物比较安全，应尽可能查找并保护好水源、食品。必要时还应当收集尿液维生。

9. 被埋压后，应尽可能使用各种工具积极联络外界。例如不定时呼叫、闹钟弄响、击打家具和水管；利用光，如打开手电筒向外呼救。可能情况下还可打开手机向外界报告自己的情况。

（五）震后救援

如果在研学旅行过程中遭遇地震，研学导师团队成员在成功逃生后要迅速查找清点学生，并迅速向单位领导汇报受灾情况。在安顿好获救学生后，研学导师可以适当分工，留下照顾获救学生的老师，其余老师参与震后救援，协助救援人员或组织群众搜救失联团队成员。

地震救援时应遵循先易后难的原则，先抢救建筑物边沿瓦砾中的幸存者和那些容易获救的幸存者。

1. 寻找和营救被埋压的人员

（1）寻找被埋人员的方法

① 根据知情人提供的情况，进行有目的的搜索定位，留意遇难人发出的呼救信号及信息，如手电筒光、哨子、敲击声、呼喊声等。

② 通过辨认血迹和瓦砾中人员活动的痕迹追踪搜索，如条件允许，利用搜救犬和生命探测仪进行快速搜索定位。

（2）营救被埋压人员的措施

① 根据房屋结构进行抢救，不要破坏被埋压人员所处空间周围的支撑条件，否则会引起新的坍塌。正确的处理方法是：有计划、有步骤利用瓦砾堆中已有空隙，进行支撑和加固；然后爬到被压人员所在的地点救出伤员。或者在侧墙凿开缺口，进入被埋人员所在的房间；也可在瓦砾堆外的地面开凿竖井，下到一定深度后再水平掘进到预定地点。

② 在营救被埋人员时不要用利器挖掘。

③ 如尘土太大，应喷水降尘，以免被埋人员窒息。

④ 尽快打开被埋人员的封闭空间，使新鲜空气流入；尽快将被埋人员的头部暴露出来，清除口鼻中的尘土。

⑤ 对受伤严重、不能自行离开埋压处的人员，切忌强拉硬拽。对饥渴、受伤、窒息严重、埋压时间较长的人员，救出后要用深色布料蒙住眼睛，避免强光刺激。

⑥ 营救被埋压在高处的人员，可使用专门的搬运工具，通过绳子平滑地将人员转移到平地，或利用梯子慢慢将人员放到低处。

⑦ 对不慎掉入井下的人员，救援人员可使用井下探测抢救设备展开救援。

2. 撤离灾区

（1）如搜救时间较长，应安排获救学生先行撤离灾区。

（2）主办方和承办方各留下一名教师继续参与搜救失联学生，直至搜救结束。

3. 主办方、承办方在接到灾情报告后立即启动应急预案，向上级部门汇报情况，组织营救和善后工作。

二、暴雨洪灾

（一）洪水的形成

1. **暴雨洪水**：因降大雨、暴雨引发的洪水。

2. **融雪洪水**：气温上升或降雨使雪山积雪融化形成。

3. **冰川洪水**：气温升高使冰川融化形成的洪水。

4. **冰凌洪水**：河道里的冰凌突破堤防后形成的洪水。

5. **溃坝洪水**：堤坝溃塌形成的洪水。

暴雨洪水是最常见的洪水，也是研学旅行过程中需要特别防范的自然灾害。暴雨，通常指1小时降雨量16毫米以上，或12小时降雨量30毫米以上，或24小时降雨量50毫米以上的降水。

由暴雨洪水引发的灾害即暴雨洪灾。

（二）洪水来袭前的避险

1. **关注气象、水文信息**

在汛期组织研学旅行，研学导师要随时关注天气变化，收听、收看天气预报以及相关预警信息，掌握气象、水文等预警信息发布渠道和发布平台，如报警电话、手机短信等。偏远地区还有敲锣、放炮等传递危险信号的做法。

2. **撤离避灾**

对于研学旅行团队来说，预防和应对暴雨洪水的最好办法就是在暴雨来袭之前迅速撤离。研学旅行团队不同于常住居民，没有后顾之忧和牵挂之物，迅速撤离躲避暴雨洪水是最佳选择。

项目组长和学校领队要随时研判天气、水文信息变化，根据气象、水文预报果断决定是否撤离避灾。

3. **安全转移**

如果不需要撤离灾区避灾，在原地暂避风雨后继续实施研学课程，则应根据气象信息研判发生暴雨洪水的可能性，如果风险较大，应将研学旅行团队转移至地势较高、远离河道的位置。

（三）洪水来袭时的自救

1. 室内被困时的自救

（1）在住宿酒店楼房被困时，根据水位上涨情况，有被淹风险的低层房间的学员向高层房间转移。

（2）在民居、营地平房住宿被困时，首先应将随身行李物品放到高处，如衣柜、桌子、架子等处，以防水淹。

（3）在门口堆积沙袋挡水，尽量不让水灌到室内。沙袋可以用塑料袋、布袋、水桶、坛罐等装入沙土、碎石、炉渣、粮食等自制。用旧毛毯、旧衣服、抹布、床单等塞紧房门缝隙。

（4）收集绳子、床单等物品备用。

（5）用身边一切可以浮在水面上的物品，如床、木头、箱子、衣柜等自制木筏，在洪水灌入室内，房屋有被淹没或倒塌危险时，乘木筏逃生。

（6）没有木筏逃生时，可以躲到屋顶、大树或附近的高丘上暂避。

（7）及时发出求救信号，等候救援。

2. 车辆行驶中遭遇暴雨洪水

（1）车辆在开阔路段遭遇洪水，应迎着洪水开过去，或者按与洪水方向平行的方向驻车，不可让车身与洪水方向垂直，以免被洪水掀翻。

（2）在峡谷或山地遭遇洪水，要迅速将车辆驶向高地，如不能驶离，应果断弃车，迅速组织人员向高地转移。

3. 山区遭遇洪水

（1）在山区遭遇暴雨时，应马上寻找高处避灾，向山脊方向奔跑避洪，不要在危岩或不稳定的巨石下避洪，千万不要在山谷中逗留。

（2）在大山峡谷中研学时，要随时关注上方声音。大山中有时会因上方局部暴雨引发洪水而下方不能及时发觉，突然到来的洪水往往会造成重大损失。听到上方疑似洪水的异常声响时要迅速组织学员向峡谷两侧高处就近转移。

4.遭遇洪水时自救应注意的问题

（1）不要企图在洪水中游泳逃生。

（2）山洪暴发时，不要沿着行洪水方向跑，而要向两侧快速躲避。

（3）山洪暴发时，千万不要轻易涉水过河。

（4）远离高压线塔，不可攀爬电线杆，远离断头垂落的电线。

（5）不要爬到泥坯房、危房、简易房的房顶躲避。

（6）储备好食物和饮用水。

（7）准备好药品、火种、手电筒等物品。

（8）带好还可以使用的通信工具。

（四）洪灾后的处置

1.遭遇洪灾后随队医生应及时进行防疫工作，采取措施对学员祛寒保暖，防止着凉感冒，感染肠胃疾病。必要时应带相关学员到医疗防疫队寻求救治，或去灾民集中安置区设置的固定医疗点索取防病治病的药品。

2.洪水暴发后，被污染的水源容易引发流行病，要确保全体成员有洁净的饮用水。

3.及时向单位汇报受灾情况，如有人员受到伤害，要及时启动应急预案进行救治，并做好事故善后工作。

三、台风

（一）台风灾害的预防

1.研学旅行团队在出发前和研学过程中，研学导师团队要随时关注气象信息，对重大灾害天气信息要随时研判，及时应对。

2.如在出发前或行程中获知目的地将出现重大台风灾害天气，应及时调整行程计划，避开台风灾害。

3. 如果获得研学所在地即将出现重大台风灾害天气预警信息，应分析判断可能引发的灾害程度和持续时间，如灾情重大，必须提前采取避灾措施。如有可能，及时撤离台风影响地区。如果来不及撤离，则取消室外学习安排，在酒店就地避险。

4. 如果课程计划中含有海上项目，应果断取消或调整实施时间。

（二）台风来袭时的自救

1. 台风来袭前储备食品和饮用水，并购备蜡烛、手电筒等照明物品。

2. 台风到来前关好窗户，可以在窗户上按照"米"字形贴上胶带，以防玻璃破碎。

3. 台风来袭时不要靠近窗户，尤其是迎风的窗户，以防强风吹破玻璃后被玻璃碎片扎伤。

4. 海面遇到台风袭击时落水的可能性极大，应准备好淡水、食品和通信工具，穿好救生衣。落水后要减少身体活动以保持体温。风浪变小后，及时发出求救信号。

5. 海上船只遭遇台风后，要向最近海岛靠拢，并及时利用通信设施、挥舞旗帜或点燃火把发出求救信号。

6. "风暴眼"经过地区强风过后会风平浪静一段时间，天空也可能变晴朗，但风暴并未过去，不可轻易出门，稍后台风会从反方向再度横扫过来。

7. 警惕台风带来的其他危害。

台风常常带来暴雨，从而造成山洪、滑坡和泥石流。处于危险地带时一定要按照要求转移，绝不能有侥幸心理。

四、泥石流、滑坡

（一）泥石流、滑坡发生前的顶兆

1. 近期持续降雨或突降暴雨，特别是久旱之后的大雨。

2. 山谷中出现雷鸣或火车轰鸣般的异常声响。

3. 山间、路面有塌下来的泥石。

4. 斜坡、挡土墙或路面上出现下陷或新的大裂痕。

5. 从斜坡及挡土墙流出的水突然改变颜色。

6. 发现大量雨水急流于斜坡或挡土墙上，或者在斜坡及挡土墙上又出现大面积渗水。

7. 水泥或混凝土斜坡护面松脱，或有泥土冲蚀现象。

8. 沟水突然断流或水量突然增大，变得十分浑浊并夹杂草木。

9. 沟谷深处突然变得昏暗并有轻微震感。

（二）泥石流、滑坡灾害的预防

1. 随时关注天气预报，避免在可能发生泥石流和滑坡的天气在易发地带出行。

2. 滑坡、崩塌预报是由防灾指挥部来完成的。一旦发生险情，相关部门会利用各种平台和手段发布警报信号，特别是通过手机短信发布预警信息。此时研学导师应尽快组织全体学员撤退到地势高且安全的地方。

3. 大雨后不要在山谷河道附近活动。

4. 要选择平整的高地作为活动营地。

5. 要避免将有滚石或大量堆积物的山坡下面作为活动营地。

6. 不将活动营地设在峡谷、土坡、低洼处。

7. 不将活动营地设在河道两侧，特别是河道转弯处的两侧。

8. 雨后避免在地质松软的土坡或土石混杂的山坡及附近活动。

9. 在沟谷内逗留或活动时，一旦遭遇大雨、暴雨，要迅速转移到地势高且安全的地方。

10. 不要在低洼的谷底或陡峻的山坡下躲避、停留。

（三）泥石流、滑坡灾害的应对

1. 泥石流、滑坡发生时要立即向与泥石流和滑坡垂直的方向跑，不在谷底停留，不能顺着泥石流和滑坡的方向跑。

2. 如果在房间内，一定要尽快从房内跑出，到开阔处避险，以防止被埋。

3. 以最快的速度避险，抛弃一切影响奔跑速度的物品，切忌回房屋搬取物品。

4. 只要有机会跑到可以避开泥石流、滑坡的安全处，就不要爬到树上躲避。在无法继续逃离时可以迅速抱住身边的树木等固定物。

5. 一旦被埋，要尽量爬出，实在爬不出的话要把头漏出泥面，或者挖孔通气，等待救援。

第三节　人为事故的应对和处理

一、食物中毒

（一）根据人为因素导致的食物中毒事故分类

1. 餐饮供应方提供不洁、变质食品导致的群体性食物中毒

酒店、饭店等餐饮提供方的卫生管理不达标导致食物、饮用水被污染，或者因偷工减料、以次充好违规提供变质食品等引起食物中毒事件。

通常这一类食物中毒事件具有群发性，往往表现为集体食物中毒，团队成员中会同时或陆续出现多人表现出相同或相似的症状。

出现疑似集体食物中毒事件时应立即启动应急预案，将病员紧急送往医院治疗，化验查证污染源，固定相关证据，必要的情况下报警。

2. 个人食用自备食物导致的食物中毒

因学生个人自购、自备食品导致的食物中毒具有个案特征，在一起分

食的同伴中可能会表现出相同的症状。

3.恶意投毒事件导致的食物中毒

由恐怖袭击、恶意竞争、报复社会等导致的恶意投毒引发的食物中毒，其表现与餐饮供应方提供不洁、变质食品导致的群体性食物中毒相似，也具有群发性特征。但恶意投毒引起的中毒症状往往更加显著，发作更加集中，危害更加严重。出现这种情况时，在打救援电话请求急救的同时必须立即报警。

（二）根据毒性污染源导致的食物中毒事故分类

1.不洁食物中毒

不洁食物中毒是由于食物或饮用水被细菌、真菌等微生物及其毒素污染后被人食用导致的中毒。

2.变质、劣质食物中毒

指食物因为保存不当或超过保质期变质腐败，或劣质不合格食品被人食用导致的中毒性疾病。

3.天然有毒动物制成的食物引起的食物中毒

指误食由天然有毒的动物制成的食物，或者天然有毒动物在加工时未完全处理掉其有毒部分从而导致食品带毒被人食用而导致的中毒性疾病，如河豚等。

4.天然有毒植物制成的食物引起的食物中毒

很多蔬菜、干果都具有天然毒性，若加工方法不当，在没有完全去除毒素的情况下制成的食物被人食用会引起中毒性疾病。天然有毒蔬菜、干果有发芽的马铃薯、毒蘑菇、银杏仁、苦杏仁、发芽的花生米，未熟透的芸豆、扁豆等。

5.化学性食物中毒

（1）使用非法添加剂或超标使用食品添加剂导致的食物中毒。

（2）因储存不当导致霉变的食品中的油脂酸败、黄曲霉素污染等导致的食物中毒。

（3）人为投毒、意外事件中由农药、化学品污染导致的食物中毒。

（三）食物中毒的应急处置

1. 催吐

在进食后1～2小时以内出现食物中毒症状的，应该用催吐的方法将有毒食物排出体外。但要注意，昏迷的病人不宜采用催吐的方法，以免引起窒息。催吐的常用方法有以下几种：

（1）用筷子或手指刺激咽部。

（2）取食盐20克，加200毫升开水溶化，冷却后一次喝下，如果不吐，可以多喝几次。

（3）生姜100克捣碎取汁，用200毫升温水冲服。

（4）如果是食用变质肉食导致的中毒，可以服用十滴水催吐。

2. 导泻

如果进食时间超过2～3小时，且病人精神较好，可以服用泻药促使体内含毒食品和毒素尽快排出体外，以避免或减少肠道对毒素的吸收。一般可用大黄30克煎服，也可用元明粉，也就是无水硫酸钠。需要注意的是，导泻一般用于体质较好的年轻人。

3. 解毒

如果是因食用变质的鱼、虾、蟹等引起的食物中毒，可以取食醋100毫升，加水200毫升稀释后一次性服下。也可以用紫苏30克、生甘草10克煎服。若是误食了变质饮料或防腐剂，可以用鲜牛奶或其他含蛋白质的饮料灌服。

4. 防止抽搐伤害

当病人出现抽搐、痉挛症状时，要迅速将病人转移到周围没有危险品的地方，把用手帕或毛巾包缠好的筷子塞入病人口中，以防止舌头咬破。

二、火灾

除干旱天气时雷暴引发的火灾以外，绝大多数火灾都是人为事故。所以进行火险管控，是安全生产中的重要管理任务，也是研学旅行课程实施中的重要内容。

（一）火灾的预防

1. 高温天气或大风等火灾多发季节开展研学旅行时，要严密注意天气变化，严格禁止携带和使用火种。

2. 给手机、相机、电脑充电时要注意安全，要用匹配的电源充电，不能超时充电。

3. 学生作为未成年人应严禁吸烟，研学导师不得在学生面前、公共场所及禁烟区域吸烟，不得乱扔烟蒂。

4. 在酒店住宿时使用电器要注意安全，不得使用酒店禁止使用的电器。

5. 停电使用蜡烛照明时要注意烛火安全，烛火要远离蚊帐、衣服、被褥等易燃物品。

6. 在行前课程中学习防火灭火的专业知识，进行防火演练，一旦发生火情，可以在第一时间科学灭火，防止火灾蔓延。

（二）火情处置

1. 微小火情要迅速扑救。扑救措施要科学有效，尽可能用现场的灭火器材将火源扑灭，并保护好现场，等候有关人员处理。灭火过程要确保自身安全，避免被火伤害。

2. 当火情不能扑灭时要迅速报警并立即从最近的消防通道紧急撤离到安全地点，确保人身安全。

3. 报警后应派出人员在消防车可能驶来的方向或主要路口守候迎接，指引道路；消防人员到场后，要及时向他们介绍火场情况，如起火区域，燃烧物质，有无人员被火围困，有无爆炸、有毒物品等。

4. 研学导师团队应迅速按照应急预案分工协作，清点学生，迅速把学生带到安全地带，禁止学生返回火场寻找物品，禁止学生参与灭火。

5. 研学导师应将失联学生信息迅速报告给消防人员，协助消防人员展开救援。

6. 研学导师要将事故情况尽快向单位领导汇报。

7. 研学导师要稳定好学生情绪，防止继发性事故发生。

（三）火灾逃生

1. 交通工具上的火灾逃生

（1）汽车火灾

① 当汽车发生火灾时驾驶员应立即停车熄火，打开所有车门，迅速组织车上人员下车。

② 车上人员要迅速有秩序地从就近车门或车窗下车，切忌在车门或车窗处挤成一团。当火已封住车门时，可以用衣物蒙住头部迅速从车门冲出，下车后立即脱掉蒙在头上的衣物。如已无法从车门下车，应迅速用安全锤或者用衣物裹住拳头击碎车窗，迅速从车窗处逃生。

（2）火车火灾

1）普通列车火灾

① 普通列车上发现车厢发生火灾时应立即通知列车员。

② 启动紧急制动装置，使列车尽快停车。正在行驶中的列车发生火灾时要关闭车窗，开窗会使车厢内的火借风势迅速燃烧。

③ 利用车厢中的车载灭火器或者就近用水、饮料、湿毛巾等物品迅速灭火。

④ 如火势蔓延，要迅速用湿巾等捂住口鼻，防止烟雾中毒窒息，并迅速向安全出口处转移。

⑤ 撤离要尽量沿着列车运行方向，通常情况下运行中的列车火灾会向着后面车厢方向蔓延。

⑥ 如火情严重，已无法从安全出口逃离，可以在车速降至安全状态的时候从车窗跳车逃生。

2）高铁列车火灾

① 高铁列车车厢内的烟感报警装置在有火灾发生时会自动报警并自动紧急停车。

② 如果火势不大，要利用车厢中的车载灭火器或者就近用水、饮料、湿毛巾等物品迅速灭火。

③ 如火势蔓延，要迅速用湿巾等捂住口鼻，防止烟雾中毒窒息，并迅速向安全出口处转移。

④ 如火情严重，已无法从安全出口逃离，可以在车速降至安全状态的时候用安全锤击碎车窗跳车逃生。

特别提醒： 无论是普通列车还是高铁列车，以正常速度行驶发生火灾时，不可跳窗逃生。

（3）地铁火灾

① 地铁内发生火灾时要迅速报警，同时迅速利用车厢内的灭火器灭火。

② 车厢内着火后要尽量往车厢的前部和中部移动。

③ 迅速用水浸湿毛巾或衣物掩住口鼻，防止烟雾中毒窒息。

④ 车厢着火时不要在车厢内乱跑，不要乱砸车窗玻璃，否则会更加危险。

⑤ 听从指挥，地铁停下后有序撤离逃生。

（4）船舶火灾

① 船舶上发生火灾时切勿乱跑，以免船体失去平衡发生摇摆晃动而影响救火，或引发侧翻。要沉着冷静听从指挥，齐心协力，迅速灭火。

② 如果火势失控，应立即穿上救生衣，可能的话带上食物和饮用水利用救生筏或救生艇逃生。

③ 如果没有机会登上救生艇或救生筏逃生，或者在江河轮船上发生火

灾时，可以迅速穿上救生衣，抓一件漂浮物跳船逃生。

④落水后不要大喊大叫，要注意保存体力，等待救援。

2.研学旅行住宿地的火灾逃生

（1）在营地、基地平房宿营发生火灾时，要尽快从门窗等出口处冲出房间，转移到安全处，并大声呼救，提醒其他临近房间的人员撤离。同时报警等待消防人员灭火。已逃出着火房间的人员不要再返回房间取物品。

（2）入住酒店时要注意观察灭火装置、报警装置、紧急通道所在的位置。

（3）当所在房间失火且不能控制时要迅速逃离，逃离时要关闭身后门窗，延缓火势蔓延，以赢得尽可能多的逃生时间。同时要大声呼喊，向其他房间的人员报警。

（4）房间内的人听到外面火灾信息后，不要贸然冲出房间。要先从观察孔观察外面火情或者先用手试一下门把手，如果看到外面火势较大或者感觉门把手烫手，或者发现有烟从门缝进入室内，就不要开门。

（5）如果从观察孔观察到外面火势较小，应尽快离开房间；如果门把手不烫手，要开一个缝隙观察火情，火势不大时尽快离开房间。离开房间时要带好钥匙，以防去路被阻时能够退回房间。如果外面火势较大，则应退回房间另找对策。

（6）离开房间后要弓腰前行，头尽量贴地，以防烟雾中毒窒息，要紧贴墙壁奔向出口。

（7）火灾发生时不要使用电梯逃生。

（8）当外面火势较大无法从门口逃出房间时，要迅速用湿毛巾、湿被褥盖在门上，封死门缝等进气通道，并不断向上洒水，阻滞或延缓火焰进入室内。

（9）将窗户打开，保持室内空气新鲜，在窗口挥动床单、衣物等向外报警求助。

（10）如果火灾未进入房间，可以在阳台处避险待援。

（11）可以利用湿被褥阻隔火势蔓延，撕开床单并将其连接成绳，系在牢固的窗框上，然后顺着滑下去，紧急情况下也可以顺着窗外牢固的雨水管道下滑逃生。

（12）迫不得已的情况下可以跳楼逃生，跳楼时应先往地上扔被褥床垫等缓冲物，并用被褥等裹紧身体。跳楼时要尽量保持身体竖直，双脚前掌着地。

（13）离开房间后立即撤离到安全位置，切不可返回房间取物品，即使是一楼房间也不行。

3. 研学旅行场馆内的火灾逃生

（1）在博物馆、科技馆、展览馆等场所发生火灾时，要根据场馆内的引导标识，通过安全通道寻找安全出口撤离。

（2）撤离时用湿毛巾或湿衣服掩住口鼻，防止吸入有害气体。如果身边没有水，可以把毛巾、衣物多叠几层掩住口鼻。撤离过程中要弓身前行，尽可能放低身体姿势，但不可伏地爬行，以免被挤倒踩踏。

（3）一旦建筑物倒塌被困在地下空间，要贴近地面呼吸，必要时利用小便，小口喝下，以保持体内水分等待救援。

4. 森林草原的火灾逃生

（1）森林草原上发生火灾遇险时，最佳的逃生方法是朝逆风方向的河流或公路逃生。

（2）避开火头，向草木稀疏的地方逃生。

（3）利用可以救生的环境逃生。

① 利用附近的开阔地，在开阔地的中央避险。但要迅速清理开阔地中的枯枝、灌木等易燃物。

② 利用附近的沙地或土层避险。可以迅速在沙地或土层中挖洞藏身，或用沙子、泥土覆盖身体。

③附近有河流、湖泊或池塘时，应立即将身体浸入水中避险。

（4）没有可以逃生的救生环境，又不能迅速逃离时，要想办法弄湿衣物，遮住头部和躯体，匍匐在地面，贴地呼吸，等待救援或火势减弱。

（5）火头过去或火势减弱后，应迅速扑灭衣服上的火焰，向着逆风方向，从已经熄灭的火区逃离火场。

（四）火灾善后工作

（1）研学导师团队成员在组织学生撤离火场后要迅速清点人数，查找失联人员，确定人员伤亡情况，向单位汇报灾情，启动应急预案。

（2）研学导师团队成员应积极协助医护人员抢救伤者，及时将伤员送往就近的医院。

（3）向消防人员报告失联人员情况，协助消防人员进行救援。

（4）火灾扑灭后，配合公安、消防机关进行火灾原因的调查工作。

（5）收集并固定证据信息，进行事故善后工作。

三、溺水

溺水时，水随呼吸进入呼吸道和肺内，阻碍气体交换，这通常称为水窒息。少数溺水者因受冷、惊吓或水的刺激引起喉部反射性痉挛，造成窒息缺氧。淹溺的进程很快，一般4~7分钟就可因呼吸心跳停止而死亡。因此，要争分夺秒迅速积极抢救。

（一）溺水自救

1.不会游泳者的自救

（1）落水后不要慌乱，一定要保持头脑清醒。

（2）头顶向后，口向上方，将口鼻露出水面，这样就能进行呼吸。

（3）呼气要浅，吸气宜深，尽可能保持肺部存有足够多的空气以增加身体的浮力，使身体浮于水面，以等待他人抢救。

（4）切记：千万不能将手上举或拼命挣扎，因为这样反而容易使人下沉。

2. 会游泳者的自救

（1）会游泳的人溺水一般是因小腿腓肠肌痉挛而致，应沉着冷静，及时呼人援救。

（2）自己将身体抱成一团，浮上水面。

（3）深吸一口气，把脸浸入水中，将痉挛（抽筋）下肢的拇指用力向前上方拉，使拇指跷起来，持续用力，直到剧痛消失，抽筋自然也就停止。

（4）一次发作之后，同一部位可能再次抽筋，所以对疼痛处要充分按摩并慢慢向岸边游去，上岸后最好继续按摩并热敷患处。

（5）如果手腕肌肉抽筋，自己可将手指上下屈伸，并采取仰面位，用双足游泳。

（二）对溺水者的水下救护

1. 施救者应保持镇静，尽可能脱去衣裤，尤其要脱去鞋靴，迅速游到溺水者附近。

2. 对筋疲力尽的溺水者，施救者可从其头部接近。

3. 对神志清醒的溺水者，施救者应从其背后接近，用一只手从背后抱住溺水者的头颈，用另一只手抓住溺水者的手臂游向岸边。

4. 如施救者游泳技术不熟练，则应携带救生圈、木板或使用小船进行施救，或投下绳索、竹竿等，使溺水者握住再将其拖带上岸。

5. 救援时要注意，以防被溺水者紧抱缠身而双双发生危险。如被溺水者抱住，不要相互拖拉，应放手自沉，使溺水者手松开，再进行施救。

（三）对溺水者的岸上救护

1. 溺水者被救上岸后，将其头偏向一侧，清除口、鼻腔内的泥沙、污物，打开气道，保持呼吸道通畅。并检查其呼吸、脉搏。

2. 对海水淹溺者，救护人员应取半跪姿势，将溺水者的腹部放在大腿上，使其头部下垂，并轻压其背部，或采用海氏腹部冲击法，给予控水。如果控水效果不佳，不要为此而耽误时间，应在稍加控水后立即检查其呼吸、脉搏。

3. 如遇溺水者呼吸停止、意识丧失，要迅速打开其气道，口对口吹气两次，其胸部若无起伏，应按昏迷气道梗塞的方法救治。

4. 溺水者如呼吸、心跳骤停，应立即对其进行心肺复苏。对所有溺水休克者，不管情况如何，都必须从发现开始对其持续进行心肺复苏抢救。

5. 不要轻易放弃抢救溺水者，特别是在低体温情况下，应延长抢救时间，直到专业医务人员到达现场。

6. 如现场救护有效，溺水者恢复心跳、呼吸，可用干毛巾擦其全身，要从四肢、躯干向心脏方向摩擦，以促进血液循环。

四、烧烫伤

烧烫伤是生活中常见的意外伤害，沸水、滚粥、热油、热蒸气造成的烧烫伤经常见到。对某些烧烫伤，如果处理及时，就不会导致不良的后果。

（一）烧烫伤的表现

根据烧烫伤对人体组织的损伤程度，一般分为三度。

1. 一度烧烫伤：只伤及表皮层，受伤的皮肤发红、肿胀，觉得火辣辣地痛，但无水泡出现。

2. 二度烧烫伤：伤及真皮层，局部红肿、发热，疼痛难忍，有明显水泡。

3. 三度烧烫伤：全层皮肤包括皮肤下面的脂肪、肌肉和骨都受到伤害，皮肤焦黑、坏死，这时反而疼痛不剧烈，因为许多神经也都一起被损坏了。

（二）烧烫伤的救护

烧烫伤现场救护的基本原则是先除去致伤因素，脱离伤害现场，保护创面，维持呼吸道畅通，再组织转送医院治疗。针对烧烫伤的原因和表现可分别采取相应的措施。

1. 对一度烧烫伤，应用冷清的水长时间冲洗或浸泡伤处，以降低表面温度，起到减轻余热损伤、减轻肿胀、止痛、防止起泡等作用，如有冰块，把冰块敷于伤口处效果更佳。受伤部位冷却30分钟左右就能完全止痛。随后将鸡蛋清、万花油或烫伤膏涂于烫伤部位，这样只需3～7天便可自愈。如果烧烫伤部位不是手或足，不能将伤处浸泡在水中进行冷却治疗时，则可将受伤部位用毛巾包好，再在毛巾上浇冷水，用冰块敷效果会更佳。

2. 如果穿着衣服或鞋袜的部位被烫伤，不要急忙脱去被烫部位的衣裤或鞋袜，应迅速将衣袜剪开并取下，不可剥脱，并取下受伤处的饰物。马上用食醋（食醋有收敛、散疼、消肿、杀菌、止痛作用）或冷水隔着衣裤或鞋袜浇到伤处及周围，然后再脱去鞋袜或衣裤，这样可以防止揭掉表皮，发生水肿和感染，同时又能止痛。接着，再将伤处进行冷却治疗，最后涂抹鸡蛋清、万花油或烫伤膏便可。

3. 烧烫伤者经"冷却治疗"一定时间后，仍疼痛难受，且伤处长起了水泡，这说明是"二度烧烫伤"。这时不要弄破水泡，不要在创面上涂任何油脂或药膏，应用干净清洁的敷料或其他临时可用的材料，如毛巾、床单等覆盖伤部，以保护创面，防止污染，并迅速送医院治疗。

4. 对三度烧烫伤者，应立即用清洁的被单或衣服简单包扎，以避免污染和再次损伤，创伤面保持清洁，不要涂擦药物，并迅速送医院治疗。

5. 严重口渴者，可口服少量淡盐水或淡盐茶水。条件许可时，可服用烧伤饮料。

6. 对窒息者，进行人工呼吸；伴有外伤大出血者应予以止血；骨折者应作临时固定。

7. 大面积烧伤者或严重烧伤者，应尽快组织转送医院治疗。

第四节　常见疾病与运动损伤的应急处理

一、研学旅行中常见疾病的应急处理

（一）常见病症的初步诊断与应急处置

1.身体不适，感到头昏脑胀

（1）脸色苍白，发冷汗，是中热衰竭的症状，应将双脚抬高，身体躺卧，保持安静，好好休息。

（2）若脸色发红，呼吸急促，但不出汗，可能是中暑。首先应将中暑者转移到阴凉通风的地方让其平躺下（头不能太高），解开衣领，将湿毛巾敷在头部，并让其服用人丹或藿香正气水。重者，用冰块或冰棒敷其头部、腋下，同时用冷水反复擦身、扇风。

（3）有呕吐症状时，要俯卧，右手放在下巴上，当作枕头，放松身体。如采取仰卧的姿势，吐出的东西可能会堵塞气管，而俯卧或横卧呼吸较通畅。患者吐完东西后，要漱口，要让他安静休息。如果症状没有好转，要赶紧送医院治疗。

2.头痛、腹痛

（1）头痛

若头痛，打喷嚏，发寒，这是感冒初期的症状，服用普通感冒药，多加休息即可痊愈。如果在野外露营时感冒，多吃温热食物，多穿几件衣服保暖身体，早点睡觉，让身体出汗，症状就会好转。内衣潮湿要换掉。如果迟迟不退烧，可服用解热剂。

（2）腹痛

① 左下腹部发痛，可能是食物中毒，或者身体受凉所致，可服用正露丸这类药品，并保暖腹部，静躺保持轻松姿势，若稍事休息后病情不见好转或加重，可能是食物中毒较为严重或有其他问题，应迅速送医院治疗。

② 右下腹部发痛，有患盲肠炎的可能。可先让患者服些止痛药，并迅速送医院治疗。

③ 胃部发痛时，头部发烧，恶心，可服用肠胃药治疗。

3. 昏迷

让患者平躺，先检查昏迷的原因，并及时处理流血的伤口。然后清除鼻咽中的异物，保持呼吸畅通。如果患者停止呼吸，要及时进行人工呼吸。热虚脱的人要及时补充盐分。低血糖者，要注意及时补充糖分，手按患者的人中穴，为病人服浓白糖水。在进行应急处置的同时拨打急救电话，将患者紧急送医院治疗。

（二）常见疾病的处置

1. 中暑

高温是发生中暑的根本原因。体内热量不断产生，同时散热困难；外界高温又作用于人体，致使体内热量越积越多，加之体温调节中枢发生障碍，身体无法调节，最后引起中暑。

（1）中暑的表现

① 先兆中暑

在高温环境下出现大汗、口渴、无力、头晕、眼花、耳鸣、恶心、胸闷、注意力不集中、四肢发麻等症状，体温不超过37.5℃。

② 轻度中暑

上述症状加重，体温在38℃以上，出现面色潮红或苍白、大汗、皮肤湿冷、脉搏细弱、心率快、血压下降等呼吸及循环衰竭的症状及体征。

③ 重度中暑

重度中暑的分类及其症状：

中暑高热：体温在40℃以上，头痛、不安、嗜睡甚至昏迷，面色潮红，无汗、皮肤干热、血压下降、呼吸急促、心率快等。

中暑衰竭：体温在38℃左右，面色苍白、皮肤湿冷、脉搏细弱、血压降低，呼吸快而浅，神志不清、意识淡漠或昏厥等。

中暑痉挛：体温正常，重者血压下降，口渴、尿少、肌肉痉挛及疼痛（腓肠肌多见）等。

日射病：体温轻度升高，剧烈头疼、头晕、恶心呕吐、耳鸣、眼花、烦躁不安、意识障碍，严重者发生昏迷等。

（2）中暑的救护

① 迅速把患者移至阴凉通风处或有空调的房间，让其平卧休息。

② 轻者饮淡盐水或淡茶水，服用藿香正气水、十滴水、仁丹等。

③ 体温升高者，用凉水擦洗全身（除胸部外），水的温度要逐步降低。在头部、腋窝、大腿根部可用冷水或冰袋敷之，以加快散热。

④ 严重中暑者，经降温处理后，要及早获得专业急救。

2. 流感

流感是由流感病毒引起的急性发热性呼吸道传染病，经飞沫传播，临床典型表现为突起畏寒、高热、头痛、全身酸痛、疲弱乏力等全身中毒症状，而呼吸道症状较轻。本病常呈自限性，病程一般为3～4天。

（1）流感的分类及其症状

① 典型流感

急起高热、畏寒或寒战，头痛、身痛、乏力、食欲减退等全身中毒症状明显而呼吸道症状轻微。少数患者有鼻塞、流涕及畏光、流泪等眼部症状。咳嗽、胸骨后不适或烧灼、咽干、咽痛也较常见。体温可达40℃，面部潮红，咽部及结膜外眦部轻度充血。肺部可有干啰音。发热多于1～2

天内达到高峰，3～4天内热退，退热后呼吸道症状较明显并持续3～4天后消失，但乏力可持续1～2周。轻型患者发热不超过39℃，症状较轻，病程2～3天。

② 流感病毒性肺炎

流感病毒感染可以由单纯型转为肺炎型，或直接表现为肺炎型，肺炎型系因流感病毒感染自上呼吸道继续向下呼吸道蔓延引起，原发性流感病毒性肺炎容易发生于有潜在肺部及心脏疾病患者（特别是风湿性心脏病、左房室瓣膜狭窄患者）、孕妇或处于免疫缺陷状态的人群。典型的肺炎型流感发病后，高热持续不退，迅速出现呼吸困难、发绀、剧咳、泡沫黏液痰或痰中带血症状；其表现与成人呼吸窘迫综合征一致，患者可因心力衰竭或外周循环衰竭而死亡。病程可长达3～4周。

③ 中毒型和胃肠型流感

中毒型流感极为少见。病毒侵入神经系统和心血管系统引起中毒性症状，临床上有脑炎或脑膜炎症状，主要表现为高热、昏迷，成人常有谵妄，儿童可出现抽搐，并出现脑膜刺激征，脑脊液细胞数可轻度增加。个别病例可由于血管神经系统紊乱或肾上腺出血导致血压下降或休克。

胃肠型流感在儿童中常见，以恶心、呕吐、腹泻、腹痛为主要症状，一般2～3天即可恢复。

（2）流感的治疗

① 一般治疗

呼吸道隔离1周或至主要症状消失。宜卧床休息，多饮水，适合易消化的流质或半流质饮食，保持鼻咽及口腔清洁，补充维生素C、维生素B1等，预防并发症。

② 对症治疗

对发热、头痛者应予对症治疗；但不宜使用含有阿司匹林的退热药，尤其是16岁以下患者，因为该药可能与瑞氏综合征的发生有关。高热、食欲不振、呕吐者应予以静脉补液。对于高热不退、病情严重的患者应及时送医院治疗。

3. 过敏

过敏是一种机体的变态反应，是人对正常物质（过敏原）的一种不正常的反应。过敏原接触到过敏体质的人群才会发生过敏，过敏原有花粉、粉尘、异体蛋白、化学物质、紫外线等几百种。在过敏反应的发生过程中，过敏介质起着直接的作用。过敏原是过敏病症发生的外因，而机体免疫能力低下，大量自由基对肥大细胞和嗜碱粒细胞的氧化破坏是过敏发生的内因。

常见过敏的种类与诊断

（1）过敏性紫癜

一种血管变态反应性出血疾病。机体对某些物质发生变态反应，引起广泛性小血管炎，使小动脉和毛细血管通透性和脆性增高，伴有出血和水肿。发病前1~3周往往有上呼吸道感染史，并且伴有全身不适、疲倦乏力、发热和食欲不振等症状，继之出现皮肤紫癜，伴有关节痛、腹痛、血尿或黑便等症状。

（2）过敏性皮炎

过敏性皮炎主要表现为皮肤红肿、瘙痒、疼痛、荨麻疹、湿疹、斑疹、丘疹、风团皮疹、紫癜等症状。

（3）过敏性哮喘

过敏性哮喘多发于春天花开季节，秋冬寒冷季节。致敏介质作用于支气管上，使支气管平滑肌痉挛，导致小气道狭窄，造成喘、憋、咳嗽，严重者窒息甚至死亡。

（4）过敏性鼻炎

过敏性鼻炎的典型症状主要有三个：一是阵发性连续性的喷嚏，每次发作一般不少于5个，多时甚至达到十几个、几十个，打喷嚏的时间常以早起、夜晚入睡或随季节变换加重，严重的几乎每天都会发作几次；二是喷嚏过后流出大量清水样的鼻涕；三是鼻腔的堵塞，每次发作的轻重程度不一，可持续十几分钟或几十分钟不等。

（5）支气管哮喘

支气管哮喘是由于细支气管狭窄引起的阵发性呼吸困难，肺暂时性处于过度充气状态的一种临床情况，呈发作性，一般在短期内可自行缓解。哮喘持续状态是支气管哮喘的一种严重状况，应及时采取有效急救措施。

（6）过敏性休克

是指强烈的全身过敏反应，症状包括血压下降、皮疹、喉头水肿、呼吸困难。50%的过敏性休克是由药物引起的，最常见的便是青霉素过敏，多发生在用药后5分钟内。

（7）花粉过敏

目前，全世界的花粉过敏患病率已达到5%～10%，中国的病人也在逐年增多。以前人们通常认为春季才是花粉过敏的多发季节，而事实是，夏秋的8月至9月才是这种病的真正高发期。

（8）化妆品过敏

化妆品能导致皮肤红、肿、热、痛、起水泡等过敏症。从医学角度讲，如果发现对某种化妆品过敏，最好不用。

（9）空气过敏

花粉、尘螨、柳絮、冷空气等都会引发过敏性鼻炎，主要症状为连续性喷嚏、大量流清涕、鼻塞、鼻痒、咽痒、外耳道痒等，有的是常年性的，有的是季节性的，发病时鼻甲肿胀、湿润、颜色苍白，表面光滑。

（10）食物过敏

有些人食用鱼、虾、蟹、蛋、奶等食物或服用某些药物后可发生胃肠道过敏，主要表现为恶心、呕吐、腹泻、腹痛等症状。

4. 低血糖

低血糖症是一种以血糖浓度过低，出现交感神经兴奋和脑细胞缺氧为主要特点的综合征。

（1）典型症状

交感神经过度兴奋表现为出汗、饥饿、心慌、颤抖、面色苍白等；脑功能障碍初期表现为精神不集中、思维和语言迟钝、头晕、嗜睡、躁动、易怒、行为怪异等精神症状，严重者出现惊厥、昏迷甚至死亡。

（2）诊断依据

发作时血糖低于2.8 mmol/L（糖尿病患者血糖低于3.9 mmol/L），供糖后低血糖症状迅速缓解，可诊断。

（3）药物治疗

对于轻中度低血糖，口服糖水、含糖饮料，或进食糖果、饼干、面包、馒头等即可缓解。对于药物性低血糖，应及时停用相关药物。重者和疑似低血糖昏迷的患者，及时给予50%葡萄糖40～60 mL静脉注射，继以5%～10%葡萄糖液静脉滴注。

（4）饮食调理

低血糖时应选择能够快速升高血糖的食物，如糖水、果汁、蜂蜜、糖块、饼干、米饭或馒头等，不吃脂肪或蛋白质含量高的食物。

二、运动损伤的急救处理

1. 表皮擦伤

运动中摔倒或因外力冲击与硬物相擦所造成的皮肤表面创伤，往往伴有出血、组织液渗出、红肿等现象。擦伤是外伤中较轻的一种，但其所造成的创面浅而脏、大而不规则，极易引发感染，如处理不当，伤口很难愈合。

小面积擦伤一般不必包扎，清洁伤口后，以2%红汞或1%龙胆紫涂抹即可。大面积擦伤须先将嵌入创面的泥土、沙粒等清理干净，用凡士林纱条覆盖，再以绷带包扎。

2. 软组织挫伤

软组织挫伤是指皮肤以下除骨骼之外的肌肉、韧带、筋膜、肌腱、滑膜、关节囊等组织以及周围神经、血管的不同情况的损伤，主要造成组织破坏和组织生理功能紊乱。软组织挫伤一般是外力作用所致，当软组织受到钝性或锐性暴力损伤时，可以引起局部软组织的挫伤或裂伤。

对于软组织挫伤通常可采用消炎镇痛类药物，如吲哚美辛、布洛芬、芬必得、扶他林等药物治疗以及辅助理疗等方法治疗。在受伤24小时内，局部进行冷敷，可使皮肤毛细血管收缩，组织水肿消退，起到止血消肿镇痛的作用。采用中药早期敷药方法治疗，会取得非常好的疗效，往往在敷药后就能即时消肿止痛，敷药所用的绷带固定，不仅能将关节固定于受伤松弛位置，起到限制肢体在适宜范围内活动的作用，还有利于损伤韧带的修复，大大缩短治疗和恢复时间。

3. 肌肉韧带拉伤

主要指肌肉、韧带撕裂伤，多发生在主干肌肉和关节部位，是关节周围的韧带、肌肉和关节囊等软组织因为突然用力，或受外力过度牵拉而发生的损伤。拉伤是体育运动中最常见的一种损伤，据统计，25%以上的运动损伤是肌肉和韧带的拉伤。

造成拉伤的原因很多，诸如：准备活动不充分，肌肉的生理机能尚未达到剧烈运动所需状态就贸然参与；体质较弱或负荷过度，肌肉弹性、伸展性和力量均较差；运用技术不正确，动作不协调，用力过猛，超过了肌肉活动的范围；气温过低，湿度太高，场地太硬等。

确定拉伤后要立刻停止运动，避免进一步加重，并在痛点敷上冰块或冷毛巾，保持30分钟，以使小血管收缩，减少局部充血、水肿，切忌搓揉及热敷。待24小时后，可配合烤电理疗、按摩康复和恢复性锻炼。还可局部外敷中草药后进行加压包扎处理。无论用什么方法治疗，最后都是靠组织的再生和修复功能，所以，最好的办法就是注意保护，避免患部二次受伤，增强营养以促进组织的新陈代谢，加快组织的再生和修复能力。

4. 关节扭伤

关节扭伤是运动和工作生活中经常发生的损伤，最常发生于踝关节、手腕部及下腰部，主要体征为疼痛、肿胀、皮肤青紫、关节活动不灵等。

发生关节扭伤后要立刻停止运动，注意抬高患肢以利静脉血液回流，并对受伤部位进行冷敷处理，当然不同部位的关节扭伤，其治疗原则也有所区别，如踝关节扭伤，除冷敷外，48小时后可进行热敷，此外可用茶水、黄酒或蛋清等把云南白药或七厘散调和成糊状外敷在伤处，然后进行包扎，每日换药2~3次，以促使局部血液循环加快、促进瘀血消散以及渗出液的吸收。又如腰部扭伤，由于该部位承上启下的特殊性，极易反复加重，所以静养最重要，此外要改睡硬板床、扎宽腰带、适度推拿按摩等。

总之，无论发生哪种关节扭伤，在扭伤的急性期（前24小时），患者都不可以让受伤部位随意活动，否则会因软组织得不到充分的修复，而使新鲜扭伤变成陈旧扭伤，如果疼痛难忍，可服活血止痛药，如云南白药胶囊、散利痛等。

5. 止血

开放性创伤大都会伴随出血，这是来自血管内的压力造成的。成年人出血量超过800~1 000毫升就可引起休克，危及生命。因此，止血是处置开放性创伤的一项重要措施，对挽救生命具有特殊的意义。

常见的出血情况有动脉出血、静脉出血和微血管出血。动脉血血色鲜红，流速快，血流量大，尤其是四肢大动脉出血，如不及时止住，很快会导致失血性休克，甚至死亡；静脉血血色暗红，速度也较快，出血量逐渐增多，如不及时止血，将逐渐形成失血性休克；微血管出血只是渗血，常可自行凝固止血。

止血的总方针是"加压包扎、抬高患肢"，具体方法主要有：

（1）小伤口止血法

只需用清洁水或生理盐水冲洗干净，盖上消毒纱布、棉垫，再用绷带加压缠绕即可。在紧急情况下，任何清洁而合适的东西都可临时借用做止血包扎，如手帕、毛巾、布条等，先将血止住而后再到医院处理伤口。

（2）静脉出血止血法

除上述包扎止血方法外，还需压迫伤口止血。用手或其他物体在包扎伤口上方的敷料上施以压力，把血管压扁，使血流变慢，血凝块易于形成。这种压力必须持续5～15分钟才可奏效。较深的部位如腋下、大腿根部可将纱布填塞进伤口再加压包扎，将受伤部位抬高也有利于静脉出血的止血。

（3）动脉出血止血法

① 指压法：只适用于头面颈部及四肢的动脉出血急救，注意压迫时间不能过长。此法虽方便及时，但需位置准确。用手指压迫出血部位的上方，如头顶部出血压迫颞浅动脉、上臂出血压迫肱动脉、大腿出血压迫股动脉等。若经过较长时间指压仍出血不止，就应改用止血带或其他方法进行止血。

② 止血带止血法：这种方法止血最有效，适用于四肢大出血的急救，但容易损伤肢体，影响后期修复。方法是，上止血带前抬高患肢12分钟，在出血部位的上方1/3处，先用毛巾或棉垫包扎皮肤，然后将止血带拉长拉紧缠绕在毛巾等物外面，松紧适度，最多绕两圈，以出血停止为宜。止血带最好用有弹性的橡胶管，严禁使用铁丝、电线等代做止血带。每隔45分钟放松止血带2～3分钟，松时慢慢用指压法代替。再次结扎止血带时，应稍微进行位置移动，减少皮肤的损伤。放松止血带时应注意观察出血情况，如出血不多，可改用其他方法止血，以免压迫血管时间过长，造成肢体坏死。

6. 骨折固定

骨折一般分为闭合性骨折和开放性骨折两种类型。骨折处没有皮肤或黏膜破裂，骨折断端与外界不相通称为闭合性骨折。骨折处有皮肤或黏膜破裂，与外界相通称为开放性骨折。根据骨折的程度又可分为：骨质完全断裂称为完全骨折，骨质未完全断裂称为不完全骨折。

骨折的原因很多，但归根结底大都因突发性暴力所致，其症状主要有剧烈疼痛、肿胀、局部畸形、功能障碍等。为避免在运送途中加重伤情，防止骨折断端刺伤皮肤、血管和神经，减轻伤员的痛苦，对伤患肢体进行必要的固定就显得十分重要。

（1）锁骨骨折固定

将两条带状三角巾分别环绕两个肩关节，于肩部打结；再分别将三角巾的底角拉紧，在两肩过度后张的情况下，在背部将底角拉紧打结。若有预先做好的"T"形夹板（直板长50厘米，横板长55厘米），则只需将其贴于背后，在两腋下与肩胛部位垫上棉垫，再将腰部扎牢，固定两肩部即可。

（2）肱骨骨折固定

用两条三角巾和一块夹板将伤肢固定，然后用一块燕尾式三角巾中间悬吊前臂，使两底角向上绕颈部后打结，最后用一条带状三角巾分别经胸背于健侧腋下打结。现场无夹板时，可用三角巾躯干固定，将三角巾折成约10～15厘米宽的带子，把上臂固定在躯干上，屈肘90度，再用小悬臂带将前臂悬吊胸前。

（3）臂骨折固定

用一块合适的夹板置于伤肢下面，用两块带状三角巾或绷带把伤肢和夹板固定，再用一块燕尾三角巾悬吊伤肢，最后用一条带状三角巾的两底边分别绕胸背于健腋下打结固定。也可利用伤员身穿的上衣来进行固定，将伤臂屈曲贴于胸前，把手放在第三、四纽扣间的前衣襟内，再将伤侧衣襟向外翻，反折上提，托起前臂衣襟角系带，拉到健肢肩上，绕到伤肢肩前与上衣的衣襟打结。

（4）股骨（大腿）骨折固定

伤员仰卧，伤腿伸直。用两块夹板放于大腿内、外侧。外侧由腋窝到足跟，内侧由腹股沟到足跟（只有一块夹板则放到外侧），将健肢靠向伤肢，使两下肢并列，两脚对齐。至少用4条带状三角巾，分别在腋下、腰部、大腿根部及膝部分别环绕伤肢包扎固定，注意在关节突出部位要放软垫。若无夹板，可以用带状三角巾或绷带把伤肢固定在健侧肢体上。

（5）脊柱骨折固定

脊柱骨折后，不能轻易移动伤员，应尽量依照其伤后的姿势进行固定。

① 颈椎骨折固定：伤员仰卧，在头枕部垫一薄枕，使头部成正中位，头部不要前屈或后仰，再在头的两侧各垫枕头或衣服卷，最后用一条带子通过伤员额部固定头部，限制头部前后左右晃动。

② 胸椎、腰椎骨折固定：使伤员平直仰卧在硬质木板或其他板上，在伤处垫一薄枕，使脊柱稍向上突，然后用几条带子把伤员固定，使伤员不能左右转动。

第五节　冲突的应对和处理

在研学旅行课程的实施过程中，由于课程所固有的特点，各种矛盾冲突难以避免。这里面既有个体之间的冲突，如学生和学生之间的冲突，也有群体之间的冲突，如研学导师团队和学生之间的冲突、研学导师团队和学生家长之间的冲突，还有单位组织之间的冲突，如学校（主办方）、承办方以及供应方之间的冲突等。为有效管控和化解各种冲突，保障研学旅行的顺利实施，研学旅行的各参与方应建立冲突管控机制，从业人员应学习和掌握有关冲突管理的基本知识和基本技能。

一、什么是冲突

冲突是一种过程，这种过程肇始于一方感觉到另外一方对自己关心的事情产生消极影响或将要产生消极影响。冲突是行为主体之间，由于目的、手段分歧而导致的行为对立状态。

（一）对于冲突的理解

1. 冲突是一种特殊的关系行为。发生冲突的双方必须存在着某种特殊的关系，这种关系可能是管理关系、合作关系、竞争关系或敌对关系，无论是哪一种关系，由于利益、目标、位置、观念的不同，双方对同一事物的认知必然会存在这样或那样的分歧或矛盾，当这种分歧或矛盾表面化的时候，便产生了冲突。在没有任何关系的两个行为主体之间，不会发生冲突。

2. 冲突的行为主体可以是个体、群体或组织。冲突可以存在于各种行为主体之间，比如可以存在于个体之间、个体与群体之间、个体与组织之间、群体与群体之间、群体与组织之间、组织与组织之间等。

3. 冲突是矛盾或分歧的表面化，即冲突是一种外显的行为。一个人内心的思想与情感矛盾，也被称为心理冲突。心理冲突是造成行为冲突的原因。

（二）冲突产生的根源

在社会学领域关于冲突有三大理论假定，即：

1. 利益（"夺利"）冲突

行为主体之间的利益主张发生矛盾而导致的冲突。比如单位内部在利益分配过程中员工之间就存在利益冲突，在利润一定的前提下，甲员工分的多了，乙员工分的就少了。这一类冲突往往表现为零和规则。

2. 权力（"争权"）冲突

行为主体之间由于权力范围发生矛盾而导致的冲突。比如同一级职位上的成员在晋升上一级职务时所存在的权力之争，同一级职位上的干部因为职责不清，权力范围交叠而导致的权力之争等，都是权力冲突。

3.文化（价值观）冲突

行为主体之间由于文化差异、思维方式不同导致对同一事物的认知和行为方式的不同而产生的冲突。如城乡文化差异、民族文化差异等导致的冲突。

（三）冲突的特性

对于冲突的特性，现代观念和传统观念存在着认识差异。

1.传统观念认为冲突是破坏性的，冲突管理的目的是避免和完全化解冲突，在冲突的程度上不做区别，只要是冲突就要避免和化解。

2.现代观念认为冲突是不可避免的，在行为主体之间利益诉求、文化和思维方式差异、权力交叉是必然存在的，分歧必然存在，冲突就不可能完全避免。就冲突的功能而言，现代观念认为有的冲突具有破坏性，也有的具有建设性。在冲突管理中要避免和化解破坏性冲突，引导和利用建设性冲突。在冲突的程度上，建设性冲突应保持在适当程度为宜，冲突的程度过低或过高都不利于其功能的发挥。

传统观点	现代观点
必须避免	不可避免
破坏性	建设性、破坏性
程度不做区别	适度为宜

二、冲突的分类

（一）按照冲突的形式分类

1.目标冲突——目标与方向上的不一致（一般由工作地位和利益不同而引发）。

2.认知冲突——看法与观点上的不一致（一般由于价值观不同而引发）。

3.行为冲突——行为上的互不相容（一方的行为不为另一方所接受）。

（二）按冲突的层次与规模分类

1.个人冲突——包括个人心理冲突与人际冲突。

2.群体冲突——包括群体内和群体之间的冲突。

3.组织冲突——也可分为组织内（纵向、横向、直线与联合）的冲突，以及组织间的冲突。

（三）按照产生的结果分类

1.建设性冲突——双方目标一致，但因对手段、方法等认识的不同而发生冲突。

建设性（功能性）冲突支持团队目标并增进团队绩效，激发才干和能力，带动创新和改变。

2.破坏性冲突——双方由于目标不同而发生冲突。

破坏性冲突耗费时间、精力和资源，影响团队绩效。

建设性冲突和破坏性冲突的区分依据是，冲突是否有利于达成组织目标。

建设性冲突	破坏性冲突
关心目标	关心胜负
对事不对人	针对人（人身攻讦）
促进沟通	阻碍沟通

三、冲突分析

（一）过程分析

冲突的发生是一个逐渐积累的过程，是从隐性的矛盾与分歧逐渐演化为显性的冲突行为的过程。分歧和矛盾是原因，冲突行为是结果。

根据冲突产生的过程特征，可以把冲突的形成分成五个阶段，即：

1. **潜伏期（分歧）**。这是冲突发生的最初阶段，此时矛盾或分歧已经产生，但各自对对方的不满尚在隐藏阶段，不为对方所知觉。

2. **察觉期（知觉）**。矛盾或分歧已经为对方知觉，但双方尚未表明各自看待或拟解决分歧或矛盾的态度。

3. **介入期（态度）**。双方各自表明了自己对待或拟处理分歧或矛盾的态度，但互不认同和接受对方的态度。

4. **显现期（行为）**。矛盾激化，产生冲突的行为。

5. **事后期（后果）**。对冲突产生的后果进行分析评估，对于建设性冲突评估其产生的绩效影响，对于破坏性冲突进行责任认定、责任追究和矛盾解决。

冲突过程

（二）因素分析

冲突的产生通常是由主观因素和客观因素共同作用的结果。

1. 主观因素

主观因素包括正常主观因素和非正常主观因素。非正常主观因素包括官僚主义、以权谋私、恶意打击等可以导致冲突发生的因素。正常主观因素主要包括信息因素、认知因素、价值观因素和本位因素，这四种因素也被形象地称为冲突的四大"基因"。

（1）信息因素。由于一方或双方对事物信息了解得不全面、不完整，从而影响了对事物的认知和判断，造成误解，导致冲突的发生。

由信息因素导致的冲突的基本对策是双方坦诚沟通、交流信息、互通情况，消除误会，解决矛盾，冲突也就自然化解了。

（2）认知因素。由于各方知识和经验方面的差异，导致双方对事物的认知产生差异，从而引发冲突。

由认知因素导致的冲突的基本对策是充分沟通、交流思想、达成共识，一起统一并提高对事物的认识。

（3）价值观因素。由于双方的价值观不同而导致冲突。

应对这种冲突的基本对策是加强文化交流，尊重文化差异。在组织内部加强文化建设，建设能够得到广泛认同的单位文化，培育共同的价值观。

（4）本位因素。由于冲突双方所处的位置和扮演的角色不同，导致各自的利益诉求不同，并因此导致冲突，例如常见的"屁股指挥脑袋"的现象。

应对这种冲突的基本对策是树立大局观念，坚决抵制本位主义。在工作中应当承认本位，俗话说"不当家不知柴米贵"，但也要注意不唯本位，要学会设身处地，将心比心，从对方的角度思考问题。

2. 客观因素

冲突产生的客观因素非常复杂，主要有环境因素和技术因素。

（1）环境因素。环境可以导致人的情绪发生变化，可以影响工作计划的执行，从而导致预定目标的达成产生不确定性，当这些因素作用于一方的行为或动作中，而不能获得对方的认同或谅解时，就可能发生冲突。

（2）技术因素。由于技术因素导致预定的工作目标、承诺内容或协议条款不能按计划完成时，如果双方不能够对客观存在的技术问题达成谅解，就可能产生冲突。

冲突因素示意图

四、冲突的处理

（一）处理冲突的原则

充分沟通是冲突管理中坚持的基本原则，也是化解冲突的基本手段。要通过科学有效的沟通，变"不商量""没商量"为"有商量""好商量"。双方在合作、工作以及冲突管理中坚持"大事要协商，小事不纠缠"的原则。

（二）处理冲突的策略

1.回避策略

对冲突或冲突因素有意回避，使冲突在某种控制条件下继续存在。回避冲突的着眼点在于使冲突不被激化，不失去控制。

回避策略的具体方法如下：

（1）不予注意。对冲突或冲突因素不予理睬，降低对方或双方对冲突或冲突因素的关注度，从而使冲突冷却降温。

（2）隔离。将发生或即将发生冲突的双方分开，使冲突被暂时阻断。

（3）减少互动。减少互动即减少产生摩擦、激化矛盾、引发冲突的机会。

2. 缓解策略

缓解策略是先解决次要的、容易解决的、可能直接导致冲突的分歧，设法争取时间以利于化解冲突。缓解策略的着眼点在于降低分歧的重要性和尖锐性。

缓解策略的具体方法如下：

（1）平滑处置。逐渐降低冲突的程度，逐渐淡化冲突的因素，以达成"大事化小，小事化了"的处置目标。

（2）协调妥协。协调双方相互妥协，采取"各打五十大板"的处理方法，使双方在冲突中打成平手，力求实现互惠交易，从而缓解冲突。

3. 正视策略

正视策略是针对冲突产生的原因，采取措施消除冲突产生的因素，以求彻底地化解冲突。正视策略的着眼点在于强调满足冲突各方的合理诉求，实现共同利益，达成共赢的结果。

正视策略的具体方法：

（1）面对面会议。将冲突双方聚在一起，开诚布公，将问题摆到桌面上，明确双方冲突发生的原因，消除误会，正视困难，制定策略，解决问题。

（2）角色互换。引导双方站在对方的位置上思考问题，设身处地、将心比心地认识对方遇到的困难，做到相互理解，从而达成相互谅解，使冲突得以化解。

（3）高层次目标法。引导双方站在更高的角度看待问题，要看到双方的共同利益和共同目标，为实现更高的追求和更高的共同目标，互谅互让，用高层次的共同目标化解眼前的冲突。

（三）冲突管理的技术

1. 化解冲突的技术

问题解决	冲突双方直接会晤，通过坦率真诚的讨论来确定问题并解决问题。
目标升级	提出一个共同的目标，该目标不经冲突双方的协作努力是不可能达到的。
资源开发	如果冲突问题是由于资源缺乏造成的，那么对资源进行开发可以产生共赢的解决办法。
回避	逃避或抑制冲突。
缓和	通过强调冲突双方的共同利益来减弱他们之间的差异性。
折中	冲突双方各自放弃一些有价值的东西。
命令	管理层运用权威解决冲突，然后向卷入冲突的各方传达上级的期望。
改变人的因素	运用行为改变技术（如人际关系训练），改变造成冲突的态度和行为。
改变结构因素	通过工作再设计、工作调动、建立合作等方式改变组织结构和冲突双方的相互作用模式。

2. 激发冲突的技术

运用沟通	利用模棱两可或具有威胁性的信息可以提高冲突水平。
引进外人	在群体中补充一些在背景、价值观、态度和管理风格方面均与当前群体成员不同的个体。
重新建构组织	调整工作群体，改变规章制度，提高相互依赖性，或进行其他类似的结构变革以打破现状。
任命吹毛求疵者	任命一名批评家，他总是有意与组织中大多数人的观点不一致。

3. 控制本人情绪的技术

释放情感	给自己一些时间，如果可能的话要自我控制，并构思对策。
寻求帮助	寻求其他人帮助，与之交流自己对情绪性反应的感受。
自我调节	对感受进行理智的反思。
主动承担责任	避免把他人作为替罪羔羊，向他人倾诉你的感受。

4.控制他人情绪的技巧

倾听	给对方"机会"。
尊重	设法向对方表示尊重和容忍。
避免报复	报复对方会扩大冲突。
说出你自己的感受和目的	这使情绪表露得以平衡、合理,从而把冲突处理引回到实际问题上去。

(四)研学旅行的典型冲突——学生之间的冲突

1.学生间冲突的原因

(1)在研学旅行过程中,学生们吃住行学习等需要集体生活,彼此需要适应和包容,但是对于未成年的学生来说,由于自身对冲动的控制力较弱和语言沟通能力的欠缺,当遭遇到自认为无法忍受的挫折又无法用语言表达时,就容易发生冲突。

(2)学生平时在学校里就已经有矛盾,但因为在校期间学校管理严格,或者因为学业较重没能够解决矛盾,在研学旅行过程中可能因为某种诱发事件使矛盾激化从而发生冲突。

(3)因为语言刺激或意见分歧产生的争辩失控而导致冲突。

2.学生冲突的应对与处置

(1)要保持冷静,理性面对

学生之间发生冲突之后,如何巧妙地解决,化干戈为玉帛,最起码不把矛盾激化和扩大,是考验研学旅行导师团队所有成员的智慧和能力的重要课题。面对学生发生的冲突,研学导师要保持冷静,老师的冷静会有助于学生平静情绪,否则,可能会使矛盾进一步激化。

(2)果断制止正在进行的冲突

发现学生发生冲突时,研学导师要果断地进行制止。如果学生正在动手打架,要立即将双方分开,阻止冲突进一步升级,防止伤害事件的发生。

（3）如果有学生受伤，先治疗再处置

如果有学生在冲突中受伤，要先控制局面，察看学生伤情，根据伤势轻重采取相应的积极有效的救治措施，必要的时候可以拨打急救电话120求助，要尽量把伤害降到最低程度。在救治伤者的过程中，要注意保存关键证据，如医生的诊断结论、现场物证。

（4）调查冲突原因，及时化解矛盾

在确认冲突得到有效控制的情况下，调查冲突发生的原因。可以先对双方单独谈话，再向其他同学查证，然后再把双方叫在一起交流意见，化解矛盾。在事件处理时应本着先处理感情，再处理事情的原则，引导学生换位思考，听取对方的意见陈述，多从自身找问题。

如果学生情绪激动，就先放一放。有些时候冷处理要胜过热处理。学生能够心平气和地面对问题的时候，再对学生进行引导，唤醒学生内心的自我审判，让学生自己认识到问题所在，明确改进的方向，找到解决问题的方法。

（5）引导学生自己分析冲突原因，自己解决问题

在冲突得到解决后，还要引导学生学会交流合作。要让学生学会管理自己的情绪，学会用适当的方法来解决与同伴的矛盾，避免发生冲突。

3. 容易与他人发生冲突的几种类型的学生特点

（1）过度表现型。这部分学生有很强的表现欲，希望得到大家的关注，他们总是试图找到一种能够吸引别人注意的方法。当这种强烈的内心需求不能以积极的方式得到满足的时候，他们就会用错误的方法刷存在感，以证明自己的存在，与人发生冲突就是他们表达存在感的一种方式。

对于过度表现型的学生，要进行正确引导，善于发现这类孩子的长处和优点，对其予以积极的关注，引导其以积极的、正确的、别人能接受的方式表现自己，通过正确的途径满足自己的表现欲，做对他人和集体有利的事情，让其明白张扬个性不能对别人造成不利影响。

（2）捍卫权利型。这部分学生认为自己的权利受到了侵犯，又找不到合适的方式维护自己的权利时，便在迫不得已的情况下使用武力，也有的是在受到"挑衅"的情况下忍无可忍之后奋起反击。老实人轻易不发怒，但是发怒了就很可怕。

对于捍卫权利型的学生，情理上可以理解，但不能纵容。告诉学生，捍卫自己的权利，要有理有利有节，保持适当的克制，学会宽容别人，包容和接纳他人的不完美；心胸要宽广，气度要豁达，不要斤斤计较，更不要以牙还牙、以眼还眼；要寻找合理的方式捍卫自己的权利，比如向老师和家长求助，借助合法手段维护自己的合法权益，不能以暴制暴。

（3）不当表达型。这部分学生希望和别人交往，但是又没有恰当的表达思想和情感的方式，便用"动作"和别人打招呼，而对方不理解他的意图，误认为是冒犯。倘若被冒犯者进行反击，便会导致冲突的发生。

对于不当表现型的学生，告诉他们要学会换位思考，将心比心，尊重别人，教给他们一些与人交往的基本礼仪，努力为他们创设与他人交往的条件和机会，让他们在与人交往中学会交往，在互动中学会互动。

（4）故意挑衅型。这一部分人在尚未成年的学生群体中所占的比例极小。这部分学生往往对别人充满恶意，横行霸道，欺负弱小，惹是生非，不断挑起祸端，往往是校园霸凌事件的施害者。

故意挑衅型的学生，是老师应重点关注的对象。但是对他们也不能一棒子打死，要帮助其认识到自己的"任性"对他人造成的伤害，认识到自己的不当行为所产生的严重后果，让他们以适当的方式为自己的行为承担责任，认识到违纪的成本，帮助他们树立正确的人生观、价值观和友谊观。

附　录

教育部等11部门《关于推进中小学生研学旅行的意见》

（教基一〔2016〕8号）

各省、自治区、直辖市教育厅（教委）、发展改革委、公安厅（局）、财政厅（局）、交通运输厅（局、委）、文化厅（局）、食品药品监督管理局、旅游委（局）、保监局、团委，新疆生产建设兵团教育局、发展改革委、公安局、财务局、交通局、文化广播电视局、食品药品监督管理局、旅游局、团委，各铁路局：

为贯彻落实党的十八大和十八届三中、四中、五中、六中全会精神，深入学习贯彻习近平总书记系列重要讲话精神，秉承"创新、协调、绿色、开放、共享"的发展理念，落实立德树人根本任务，帮助中小学生了解国情、热爱祖国、开阔眼界、增长知识，着力提高他们的社会责任感、创新精神和实践能力，现就推进中小学生研学旅行提出如下意见。

一、重要意义

中小学生研学旅行是由教育部门和学校有计划地组织安排，通过集体旅行、集中食宿方式开展的研究性学习和旅行体验相结合的校外教育活动，是学校教育和校外教育衔接的创新形式，是教育教学的重要内容，是综合实践育人的有效途径。开展研学旅行，有利于促进学生培育和践行社会主义核心价值观，激发学生对党、对国家、对人民的热爱之情；有利于推动全面实施素质教育，创新人才培养模式，引导学生主动适应社会，促进书本知识和生活经验的深度融合；有利于加快提高人民生活质量，满足学生日益增长的旅游需求，从小培养学生文明旅游意识，养成文明旅游行为习惯。

近年来，各地积极探索开展研学旅行，部分试点地区取得显著成效，在促进学生健康成长和全面发展等方面发挥了重要作用，积累了有益经验。但一些地区在推进研学旅行工作过程中，存在思想认识不到位、协调机制不完善、责任机制不健全、安全保障不规范等问题，制约了研学旅行有效开展。当前，我国已进入全面建成小康社会的决胜阶段，研学旅行正处在大有可为的发展机遇期，各地要把研学旅行摆在更加重要的位置，推动研学旅行健康快速发展。

二、工作目标

以立德树人、培养人才为根本目的，以预防为重、确保安全为基本前提，以深化改革、完善政策为着力点，以统筹协调、整合资源为突破口，因地制宜开展研学旅行。让广大中小学生在研学旅行中感受祖国大好河山，感受中华传统美德，感受革命光荣历史，感受改革开放伟大成就，增强对坚定"四个自信"的理解与认同；同时学会动手动脑，学会生存生活，学会做人做事，促进身心健康、体魄强健、意志坚强，促进形成正确的世界观、人生观、价值观，培养他们成为德智体美全面发展的社会主义建设者和接班人。

开发一批育人效果突出的研学旅行活动课程，建设一批具有良好示范带动作用的研学旅行基地，打造一批具有影响力的研学旅行精品线路，建立一套规范管理、责任清晰、多元筹资、保障安全的研学旅行工作机制，探索形成中小学生广泛参与、活动品质持续提升、组织管理规范有序、基础条件保障有力、安全责任落实到位、文化氛围健康向上的研学旅行发展体系。

三、基本原则

——教育性原则。研学旅行要结合学生身心特点、接受能力和实际需要，注重系统性、知识性、科学性和趣味性，为学生全面发展提供良好成长空间。

——实践性原则。研学旅行要因地制宜，呈现地域特色，引导学生走出校园，在与日常生活不同的环境中拓展视野、丰富知识、了解社会、亲近自然、参与体验。

——安全性原则。研学旅行要坚持安全第一，建立安全保障机制，明确安全保障责任，落实安全保障措施，确保学生安全。

——公益性原则。研学旅行不得开展以营利为目的的经营性创收，对贫困家庭学生要减免费用。

四、主要任务

1. **纳入中小学教育教学计划**。各地教育行政部门要加强对中小学开展研学旅行的指导和帮助。各中小学要结合当地实际，把研学旅行纳入学校教育教学计划，与综合实践活动课程统筹考虑，促进研学旅行和学校课程有机融合，要精心设计研学旅行活动课程，做到立意高远、目的明确、活动生动、学习有效，避免"只旅不学"或"只学不旅"现象。学校根据教育教学计划灵活安排研学旅行时间，一般安排在小学四到六年级、初中一到二年级、高中一到二年级，尽量错开旅游高峰期。学校根据学段特点和地域特色，逐步建立小学阶段以乡土乡情为主、初中阶段以县情市情为主、高中阶段以省情国情为主的研学旅行活动课程体系。

2. **加强研学旅行基地建设**。各地教育、文化、旅游、共青团等部门、组织密切合作，根据研学旅行育人目标，结合域情、校情、生情，依托自然和文化遗产资源、红色教育资源和综合实践基地、大型公共设施、知名院校、工矿企业、科研机构等，遴选建设一批安全适宜的中小学生研学旅行基地，探索建立基地的准入标准、退出机制和评价体系；要以基地为重要依托，积极推动资源共享和区域合作，打造一批示范性研学旅行精品线路，逐步形成布局合理、互联互通的研学旅行网络。各基地要将研学旅行作为理想信念教育、爱国主义教育、革命传统教育、国情教育的重要载体，突出祖国大好风光、民族悠久历史、优良革命传统和现代化建设成就，根据小学、初中、高中不同学段的研学旅行目标，有针对性地开发自然类、历史类、地理类、科技类、人文类、体验类等多种类型的活动课程。教育部将建设研学旅行网站，促进基地课程和学校师生间有效对接。

3. **规范研学旅行组织管理**。各地教育行政部门和中小学要探索制定中小学生研学旅行工作规程，做到"活动有方案，行前有备案，应急有预案"。学校组织开展研学旅行可采取自行开展或委托开展的形式，提前拟定活动计划并按管理权限报教育行政部门备案，通过家长委员会、致家长的一封信或召开家长会等形式告知家长活动意义、时间安排、出行线路、费用收支、注意事项等信息，加强学生和教师的研学旅行事前培训和事后考核。学校自行开展研学旅行，要根据需要配备一定比例的学校领导、教师和安全员，也可吸收少数家长作为志愿者，负责学生活动管理和安全保障，与家长签订协议书，明确学校、家长、学生的责任权利。学校委托开展研学旅行，要与有资质、信誉好的委托企业或机构签订协议书，明确委托企业或机构承担学生研学旅行安全责任。

4. **健全经费筹措机制**。各地可采取多种形式、多种渠道筹措中小学生研学旅行经费，探索建立政府、学校、社会、家庭共同承担的多元化经费筹措机制。交通部门对中小学生研学旅行公路和水路出行严格执行儿童票价优惠政策，铁路部门可根据研学旅行需求，在能力许可范围内积极安排好运力。文化、旅游等部门要对中小学生研学旅行实施减免场馆、景区、景点门票政策，提供优质旅游服务。保险监督管理机构会同教育行政部门推动将研学旅行纳入校方责任险范围，鼓励保险企业开发有针对性的产品，对投保费用实施优惠措施。鼓励通过社会捐赠、公益性活动等形式支持开展研学旅行。

5. 建立安全责任体系。各地要制订科学有效的中小学生研学旅行安全保障方案，探索建立行之有效的安全责任落实、事故处理、责任界定及纠纷处理机制，实施分级备案制度，做到层层落实，责任到人。教育行政部门负责督促学校落实安全责任，审核学校报送的活动方案（含保单信息）和应急预案。学校要做好行前安全教育工作，负责确认出行师生购买意外险，必须投保校方责任险，与家长签订安全责任书，与委托开展研学旅行的企业或机构签订安全责任书，明确各方安全责任。旅游部门负责审核开展研学旅行的企业或机构的准入条件和服务标准。交通部门负责督促有关运输企业检查学生出行的车、船等交通工具。公安、食品药品监管等部门加强对研学旅行涉及的住宿、餐饮等公共经营场所的安全监督，依法查处运送学生车辆的交通违法行为。保险监督管理机构负责指导保险行业提供并优化校方责任险、旅行社责任险等相关产品。

五、组织保障

1. 加强统筹协调。各地要成立由教育部门牵头，发改、公安、财政、交通、文化、食品药品监管、旅游、保监和共青团等相关部门、组织共同参加的中小学生研学旅行工作协调小组，办事机构可设在地方校外教育联席会议办公室，加大对研学旅行工作的统筹规划和管理指导，结合本地实际情况制订相应工作方案，将职责层层分解落实到相关部门和单位，定期检查工作推进情况，加强督查督办，切实将好事办好。

2. 强化督查评价。各地要建立健全中小学生参加研学旅行的评价机制，把中小学组织学生参加研学旅行的情况和成效作为学校综合考评体系的重要内容。学校要在充分尊重个性差异、鼓励多元发展的前提卜，对学生参加研学旅行的情况和成效进行科学评价，并将评价结果逐步纳入学生学分管理体系和学生综合素质评价体系。

3. **加强宣传引导**。各地要在中小学广泛开展研学旅行实验区和示范校创建工作，充分培育、挖掘和提炼先进典型经验，以点带面，整体推进。教育部将遴选确定部分地区为全国研学旅行实验区，积极宣传研学旅行的典型经验。各地要积极创新宣传内容和形式，向家长宣传研学旅行的重要意义，向学生宣传"读万卷书、行万里路"的重大作用，为研学旅行工作营造良好的社会环境和舆论氛围。

教育部　国家发展改革委　公安部

财政部　交通运输部　文化部

食品药品监管总局　国家旅游局　保监会

共青团中央　中国铁路总公司

2016年11月30日

中华人民共和国突发事件应对法

（2007年8月30日第十届全国人民代表大会常务委员会第二十九次会议通过）

目　录

第一章　总　则

第一条　为了预防和减少突发事件的发生，控制、减轻和消除突发事件引起的严重社会危害，规范突发事件应对活动，保护人民生命财产安全，维护国家安全、公共安全、环境安全和社会秩序，制定本法。

第二条　突发事件的预防与应急准备、监测与预警、应急处置与救援、事后恢复与重建等应对活动，适用本法。

第三条　本法所称突发事件，是指突然发生，造成或者可能造成严重社会危害，需要采取应急处置措施予以应对的自然灾害、事故灾难、公共卫生事件和社会安全事件。

按照社会危害程度、影响范围等因素，自然灾害、事故灾难、公共卫生事件分为特别重大、重大、较大和一般四级。法律、行政法规或者国务院另有规定的，从其规定。

突发事件的分级标准由国务院或者国务院确定的部门制定。

第四条　国家建立统一领导、综合协调、分类管理、分级负责、属地管理为主的应急管理体制。

第五条　突发事件应对工作实行预防为主、预防与应急相结合的原则。国家建立重大突发事件风险评估体系，对可能发生的突发事件进行综合性评估，减少重大突发事件的发生，最大限度地减轻重大突发事件的影响。

第六条　国家建立有效的社会动员机制，增强全民的公共安全和防范风险的意识，提高全社会的避险救助能力。

第七条　县级人民政府对本行政区域内突发事件的应对工作负责；涉及两个以上行政区域的，由有关行政区域共同的上一级人民政府负责，或者由各有关行政区域的上一级人民政府共同负责。

突发事件发生后，发生地县级人民政府应当立即采取措施控制事态发展，组织开展应急救援和处置工作，并立即向上一级人民政府报告，必要时可以越级上报。

突发事件发生地县级人民政府不能消除或者不能有效控制突发事件引起的严重社会危害的，应当及时向上级人民政府报告。上级人民政府应当及时采取措施，统一领导应急处置工作。

法律、行政法规规定由国务院有关部门对突发事件的应对工作负责的，从其规定；地方人民政府应当积极配合并提供必要的支持。

第八条　国务院在总理领导下研究、决定和部署特别重大突发事件的应对工作；根据实际需要，设立国家突发事件应急指挥机构，负责突发事件应对工作；必要时，国务院可以派出工作组指导有关工作。

县级以上地方各级人民政府设立由本级人民政府主要负责人、相关部门负责人、驻当地中国人民解放军和中国人民武装警察部队有关负责人组成的突发事件应急指挥机构，统一领导、协调本级人民政府各有关部门和下级人民政府开展突发事件应对工作；根据实际需要，设立相关类别突发事件应急指挥机构，组织、协调、指挥突发事件应对工作。

上级人民政府主管部门应当在各自职责范围内，指导、协助下级人民政府及其相应部门做好有关突发事件的应对工作。

第九条　国务院和县级以上地方各级人民政府是突发事件应对工作的行政领导机关，其办事机构及具体职责由国务院规定。

第十条　有关人民政府及其部门作出的应对突发事件的决定、命令，应当及时公布。

第十一条　有关人民政府及其部门采取的应对突发事件的措施，应当与突发事件可能造成的社会危害的性质、程度和范围相适应；有多种措施可供选择的，应当选择有利于最大程度地保护公民、法人和其他组织权益的措施。

公民、法人和其他组织有义务参与突发事件应对工作。

第十二条　有关人民政府及其部门为应对突发事件，可以征用单位和个人的财产。被征用的财产在使用完毕或者突发事件应急处置工作结束后，应当及时返还。财产被征用或者征用后毁损、灭失的，应当给予补偿。

第十三条　因采取突发事件应对措施，诉讼、行政复议、仲裁活动不能正常进行的，适用有关时效中止和程序中止的规定，但法律另有规定的除外。

第十四条　中国人民解放军、中国人民武装警察部队和民兵组织依照本法和其他有关法律、行政法规、军事法规的规定以及国务院、中央军事委员会的命令，参加突发事件的应急救援和处置工作。

第十五条　中华人民共和国政府在突发事件的预防、监测与预警、应急处置与救援、事后恢复与重建等方面，同外国政府和有关国际组织开展合作与交流。

第十六条　县级以上人民政府作出应对突发事件的决定、命令，应当报本级人民代表大会常务委员会备案；突发事件应急处置工作结束后，应当向本级人民代表大会常务委员会作出专项工作报告。

第二章　预防与应急准备

第十七条　国家建立健全突发事件应急预案体系。

国务院制定国家突发事件总体应急预案，组织制定国家突发事件专项应急预案；国务院有关部门根据各自的职责和国务院相关应急预案，制定国家突发事件部门应急预案。

地方各级人民政府和县级以上地方各级人民政府有关部门根据有关法律、法规、规章、上级人民政府及其有关部门的应急预案以及本地区的实际情况，制定相应的突发事件应急预案。

应急预案制定机关应当根据实际需要和情势变化，适时修订应急预案。应急预案的制定、修订程序由国务院规定。

第十八条　应急预案应当根据本法和其他有关法律、法规的规定，针对突发事件的性质、特点和可能造成的社会危害，具体规定突发事件应急管理工作的组织指挥体系与职责和突发事件的预防与预警机制、处置程序、应急保障措施以及事后恢复与重建措施等内容。

第十九条　城乡规划应当符合预防、处置突发事件的需要，统筹安排应对突发事件所必需的设备和基础设施建设，合理确定应急避难场所。

第二十条　县级人民政府应当对本行政区域内容易引发自然灾害、事故灾难和公共卫生事件的危险源、危险区域进行调查、登记、风险评估，定期进行检查、监控，并责令有关单位采取安全防范措施。

省级和设区的市级人民政府应当对本行政区域内容易引发特别重大、重大突发事件的危险源、危险区域进行调查、登记、风险评估，组织进行检查、监控，并责令有关单位采取安全防范措施。

县级以上地方各级人民政府按照本法规定登记的危险源、危险区域，应当按照国家规定及时向社会公布。

第二十一条　县级人民政府及其有关部门、乡级人民政府、街道办事处、居民委员会、村民委员会应当及时调解处理可能引发社会安全事件的矛盾纠纷。

第二十二条　所有单位应当建立健全安全管理制度，定期检查本单位各项安全防范措施的落实情况，及时消除事故隐患；掌握并及时处理本单位存在的可能引发社会安全事件的问题，防止矛盾激化和事态扩大；对本单位可能发生的突发事件和采取安全防范措施的情况，应当按照规定及时向所在地人民政府或者人民政府有关部门报告。

第二十三条　矿山、建筑施工单位和易燃易爆物品、危险化学品、放射性物品等危险物品的生产、经营、储运、使用单位，应当制定具体应急预案，并对生产经营场所、有危险物品的建筑物、构筑物及周边环境开展隐患排查，及时采取措施消除隐患，防止发生突发事件。

第二十四条　公共交通工具、公共场所和其他人员密集场所的经营单位或者管理单位应当制定具体应急预案，为交通工具和有关场所配备报警装置和必要的应急救援设备、设施，注明其使用方法，并显著标明安全撤离的通道、路线，保证安全通道、出口的畅通。

有关单位应当定期检测、维护其报警装置和应急救援设备、设施，使其处于良好状态，确保正常使用。

第二十五条　县级以上人民政府应当建立健全突发事件应急管理培训制度，对人民政府及其有关部门负有处置突发事件职责的工作人员定期进行培训。

第二十六条　县级以上人民政府应当整合应急资源，建立或者确定综合性应急救援队伍。人民政府有关部门可以根据实际需要设立专业应急救援队伍。

县级以上人民政府及其有关部门可以建立由成年志愿者组成的应急救援队伍。单位应当建立由本单位职工组成的专职或者兼职应急救援队伍。

县级以上人民政府应当加强专业应急救援队伍与非专业应急救援队伍的合作，联合培训、联合演练，提高合成应急、协同应急的能力。

第二十七条 国务院有关部门、县级以上地方各级人民政府及其有关部门、有关单位应当为专业应急救援人员购买人身意外伤害保险，配备必要的防护装备和器材，减少应急救援人员的人身风险。

第二十八条 中国人民解放军、中国人民武装警察部队和民兵组织应当有计划地组织开展应急救援的专门训练。

第二十九条 县级人民政府及其有关部门、乡级人民政府、街道办事处应当组织开展应急知识的宣传普及活动和必要的应急演练。

居民委员会、村民委员会、企业事业单位应当根据所在地人民政府的要求，结合各自的实际情况，开展有关突发事件应急知识的宣传普及活动和必要的应急演练。

新闻媒体应当无偿开展突发事件预防与应急、自救与互救知识的公益宣传。

第三十条 各级各类学校应当把应急知识教育纳入教学内容，对学生进行应急知识教育，培养学生的安全意识和自救与互救能力。

教育主管部门应当对学校开展应急知识教育进行指导和监督。

第三十一条 国务院和县级以上地方各级人民政府应当采取财政措施，保障突发事件应对工作所需经费。

第三十二条 国家建立健全应急物资储备保障制度，完善重要应急物资的监管、生产、储备、调拨和紧急配送体系。

设区的市级以上人民政府和突发事件易发、多发地区的县级人民政府应当建立应急救援物资、生活必需品和应急处置装备的储备制度。

县级以上地方各级人民政府应当根据本地区的实际情况，与有关企业签订协议，保障应急救援物资、生活必需品和应急处置装备的生产、供给。

第三十三条　国家建立健全应急通信保障体系，完善公用通信网，建立有线与无线相结合、基础电信网络与机动通信系统相配套的应急通信系统，确保突发事件应对工作的通信畅通。

第三十四条　国家鼓励公民、法人和其他组织为人民政府应对突发事件工作提供物资、资金、技术支持和捐赠。

第三十五条　国家发展保险事业，建立国家财政支持的巨灾风险保险体系，并鼓励单位和公民参加保险。

第三十六条　国家鼓励、扶持具备相应条件的教学科研机构培养应急管理专门人才，鼓励、扶持教学科研机构和有关企业研究开发用于突发事件预防、监测、预警、应急处置与救援的新技术、新设备和新工具。

第三章　监测与预警

第三十七条　国务院建立全国统一的突发事件信息系统。

县级以上地方各级人民政府应当建立或者确定本地区统一的突发事件信息系统，汇集、储存、分析、传输有关突发事件的信息，并与上级人民政府及其有关部门、下级人民政府及其有关部门、专业机构和监测网点的突发事件信息系统实现互联互通，加强跨部门、跨地区的信息交流与情报合作。

第三十八条　县级以上人民政府及其有关部门、专业机构应当通过多种途径收集突发事件信息。

县级人民政府应当在居民委员会、村民委员会和有关单位建立专职或者兼职信息报告员制度。

获悉突发事件信息的公民、法人或者其他组织，应当立即向所在地人民政府、有关主管部门或者指定的专业机构报告。

第三十九条　地方各级人民政府应当按照国家有关规定向上级人民政

府报送突发事件信息。县级以上人民政府有关主管部门应当向本级人民政府相关部门通报突发事件信息。专业机构、监测网点和信息报告员应当及时向所在地人民政府及其有关主管部门报告突发事件信息。

有关单位和人员报送、报告突发事件信息，应当做到及时、客观、真实，不得迟报、谎报、瞒报、漏报。

第四十条　县级以上地方各级人民政府应当及时汇总分析突发事件隐患和预警信息，必要时组织相关部门、专业技术人员、专家学者进行会商，对发生突发事件的可能性及其可能造成的影响进行评估；认为可能发生重大或者特别重大突发事件的，应当立即向上级人民政府报告，并向上级人民政府有关部门、当地驻军和可能受到危害的毗邻或者相关地区的人民政府通报。

第四十一条　国家建立健全突发事件监测制度。

县级以上人民政府及其有关部门应当根据自然灾害、事故灾难和公共卫生事件的种类和特点，建立健全基础信息数据库，完善监测网络，划分监测区域，确定监测点，明确监测项目，提供必要的设备、设施，配备专职或者兼职人员，对可能发生的突发事件进行监测。

第四十二条　国家建立健全突发事件预警制度。

可以预警的自然灾害、事故灾难和公共卫生事件的预警级别，按照突发事件发生的紧急程度、发展势态和可能造成的危害程度分为一级、二级、三级和四级，分别用红色、橙色、黄色和蓝色标示，一级为最高级别。

预警级别的划分标准由国务院或者国务院确定的部门制定。

第四十三条　可以预警的自然灾害、事故灾难或者公共卫生事件即将发生或者发生的可能性增大时，县级以上地方各级人民政府应当根据有关法律、行政法规和国务院规定的权限和程序，发布相应级别的警报，决定并宣布有关地区进入预警期，同时向上一级人民政府报告，必要时可以越级上报，并向当地驻军和可能受到危害的毗邻或者相关地区的人民政府通报。

第四十四条　发布三级、四级警报，宣布进入预警期后，县级以上地方各级人民政府应当根据即将发生的突发事件的特点和可能造成的危害，采取下列措施：

（一）启动应急预案；

（二）责令有关部门、专业机构、监测网点和负有特定职责的人员及时收集、报告有关信息，向社会公布反映突发事件信息的渠道，加强对突发事件发生、发展情况的监测、预报和预警工作；

（三）组织有关部门和机构、专业技术人员、有关专家学者，随时对突发事件信息进行分析评估，预测发生突发事件可能性的大小、影响范围和强度以及可能发生的突发事件的级别；

（四）定时向社会发布与公众有关的突发事件预测信息和分析评估结果，并对相关信息的报道工作进行管理；

（五）及时按照有关规定向社会发布可能受到突发事件危害的警告，宣传避免、减轻危害的常识，公布咨询电话。

第四十五条　发布一级、二级警报，宣布进入预警期后，县级以上地方各级人民政府除采取本法第四十四条规定的措施外，还应当针对即将发生的突发事件的特点和可能造成的危害，采取下列一项或者多项措施：

（一）责令应急救援队伍、负有特定职责的人员进入待命状态，并动员后备人员做好参加应急救援和处置工作的准备；

（二）调集应急救援所需物资、设备、工具，准备应急设施和避难场所，并确保其处于良好状态、随时可以投入正常使用；

（三）加强对重点单位、重要部位和重要基础设施的安全保卫，维护社会治安秩序；

（四）采取必要措施，确保交通、通信、供水、排水、供电、供气、供热等公共设施的安全和正常运行；

（五）及时向社会发布有关采取特定措施避免或者减轻危害的建议、

劝告；

（六）转移、疏散或者撤离易受突发事件危害的人员并予以妥善安置，转移重要财产；

（七）关闭或者限制使用易受突发事件危害的场所，控制或者限制容易导致危害扩大的公共场所的活动；

（八）法律、法规、规章规定的其他必要的防范性、保护性措施。

第四十六条　对即将发生或者已经发生的社会安全事件，县级以上地方各级人民政府及其有关主管部门应当按照规定向上一级人民政府及其有关主管部门报告，必要时可以越级上报。

第四十七条　发布突发事件警报的人民政府应当根据事态的发展，按照有关规定适时调整预警级别并重新发布。

有事实证明不可能发生突发事件或者危险已经解除的，发布警报的人民政府应当立即宣布解除警报，终止预警期，并解除已经采取的有关措施。

第四章　应急处置与救援

第四十八条　突发事件发生后，履行统一领导职责或者组织处置突发事件的人民政府应当针对其性质、特点和危害程度，立即组织有关部门，调动应急救援队伍和社会力量，依照本章的规定和有关法律、法规、规章的规定采取应急处置措施。

第四十九条　自然灾害、事故灾难或者公共卫生事件发生后，履行统一领导职责的人民政府可以采取下列一项或者多项应急处置措施：

（一）组织营救和救治受害人员，疏散、撤离并妥善安置受到威胁的人员以及采取其他救助措施；

（二）迅速控制危险源，标明危险区域，封锁危险场所，划定警戒区，实行交通管制以及其他控制措施；

（三）立即抢修被损坏的交通、通信、供水、排水、供电、供气、供热等公共设施，向受到危害的人员提供避难场所和生活必需品，实施医疗救护和卫生防疫以及其他保障措施；

（四）禁止或者限制使用有关设备、设施，关闭或者限制使用有关场所，中止人员密集的活动或者可能导致危害扩大的生产经营活动以及采取其他保护措施；

（五）启用本级人民政府设置的财政预备费和储备的应急救援物资，必要时调用其他急需物资、设备、设施、工具；

（六）组织公民参加应急救援和处置工作，要求具有特定专长的人员提供服务；

（七）保障食品、饮用水、燃料等基本生活必需品的供应；

（八）依法从严惩处囤积居奇、哄抬物价、制假售假等扰乱市场秩序的行为，稳定市场价格，维护市场秩序；

（九）依法从严惩处哄抢财物、干扰破坏应急处置工作等扰乱社会秩序的行为，维护社会治安；

（十）采取防止发生次生、衍生事件的必要措施。

第五十条　社会安全事件发生后，组织处置工作的人民政府应当立即组织有关部门并由公安机关针对事件的性质和特点，依照有关法律、行政法规和国家其他有关规定，采取下列一项或者多项应急处置措施：

（一）强制隔离使用器械相互对抗或者以暴力行为参与冲突的当事人，妥善解决现场纠纷和争端，控制事态发展；

（二）对特定区域内的建筑物、交通工具、设备、设施以及燃料、燃气、电力、水的供应进行控制；

（三）封锁有关场所、道路，查验现场人员的身份证件，限制有关公共场所内的活动；

（四）加强对易受冲击的核心机关和单位的警卫，在国家机关、军事机关、国家通讯社、广播电台、电视台、外国驻华使领馆等单位附近设置临时警戒线；

（五）法律、行政法规和国务院规定的其他必要措施。

严重危害社会治安秩序的事件发生时，公安机关应当立即依法出动警力，根据现场情况依法采取相应的强制性措施，尽快使社会秩序恢复正常。

第五十一条　发生突发事件，严重影响国民经济正常运行时，国务院或者国务院授权的有关主管部门可以采取保障、控制等必要的应急措施，保障人民群众的基本生活需要，最大限度地减轻突发事件的影响。

第五十二条　履行统一领导职责或者组织处置突发事件的人民政府，必要时可以向单位和个人征用应急救援所需设备、设施、场地、交通工具和其他物资，请求其他地方人民政府提供人力、物力、财力或者技术支援，要求生产、供应生活必需品和应急救援物资的企业组织生产、保证供给，要求提供医疗、交通等公共服务的组织提供相应的服务。

履行统一领导职责或者组织处置突发事件的人民政府，应当组织协调运输经营单位，优先运送处置突发事件所需物资、设备、工具、应急救援人员和受到突发事件危害的人员。

第五十三条　履行统一领导职责或者组织处置突发事件的人民政府，应当按照有关规定统一、准确、及时发布有关突发事件事态发展和应急处置工作的信息。

第五十四条　任何单位和个人不得编造、传播有关突发事件事态发展或者应急处置工作的虚假信息。

第五十五条　突发事件发生地的居民委员会、村民委员会和其他组织应当按照当地人民政府的决定、命令，进行宣传动员，组织群众开展自救和互救，协助维护社会秩序。

第五十六条　受到自然灾害危害或者发生事故灾难、公共卫生事件的单位，应当立即组织本单位应急救援队伍和工作人员营救受害人员，疏散、撤离、安置受到威胁的人员，控制危险源，标明危险区域，封锁危险场所，并采取其他防止危害扩大的必要措施，同时向所在地县级人民政府报告；对因本单位的问题引发的或者主体是本单位人员的社会安全事件，有关单位应当按照规定上报情况，并迅速派出负责人赶赴现场开展劝解、疏导工作。

突发事件发生地的其他单位应当服从人民政府发布的决定、命令，配合人民政府采取的应急处置措施，做好本单位的应急救援工作，并积极组织人员参加所在地的应急救援和处置工作。

第五十七条　突发事件发生地的公民应当服从人民政府、居民委员会、村民委员会或者所属单位的指挥和安排，配合人民政府采取的应急处置措施，积极参加应急救援工作，协助维护社会秩序。

第五章　事后恢复与重建

第五十八条　突发事件的威胁和危害得到控制或者消除后，履行统一领导职责或者组织处置突发事件的人民政府应当停止执行依照本法规定采取的应急处置措施，同时采取或者继续实施必要措施，防止发生自然灾害、事故灾难、公共卫生事件的次生、衍生事件或者重新引发社会安全事件。

第五十九条　突发事件应急处置工作结束后，履行统一领导职责的人民政府应当立即组织对突发事件造成的损失进行评估，组织受影响地区尽快恢复生产、生活、工作和社会秩序，制定恢复重建计划，并向上一级人民政府报告。

受突发事件影响地区的人民政府应当及时组织和协调公安、交通、铁路、民航、邮电、建设等有关部门恢复社会治安秩序，尽快修复被损坏的交通、通信、供水、排水、供电、供气、供热等公共设施。

第六十条　受突发事件影响地区的人民政府开展恢复重建工作需要上一级人民政府支持的，可以向上一级人民政府提出请求。上一级人民政府应当根据受影响地区遭受的损失和实际情况，提供资金、物资支持和技术指导，组织其他地区提供资金、物资和人力支援。

第六十一条　国务院根据受突发事件影响地区遭受损失的情况，制定扶持该地区有关行业发展的优惠政策。

受突发事件影响地区的人民政府应当根据本地区遭受损失的情况，制定救助、补偿、抚慰、抚恤、安置等善后工作计划并组织实施，妥善解决因处置突发事件引发的矛盾和纠纷。

公民参加应急救援工作或者协助维护社会秩序期间，其在本单位的工资待遇和福利不变；表现突出、成绩显著的，由县级以上人民政府给予表彰或者奖励。

县级以上人民政府对在应急救援工作中伤亡的人员依法给予抚恤。

第六十二条　履行统一领导职责的人民政府应当及时查明突发事件的发生经过和原因，总结突发事件应急处置工作的经验教训，制定改进措施，并向上一级人民政府提出报告。

第六章　法律责任

第六十三条　地方各级人民政府和县级以上各级人民政府有关部门违反本法规定，不履行法定职责的，由其上级行政机关或者监察机关责令改正；有下列情形之一的，根据情节对直接负责的主管人员和其他直接责任人员依法给予处分：

（一）未按规定采取预防措施，导致发生突发事件，或者未采取必要的防范措施，导致发生次生、衍生事件的；

（二）迟报、谎报、瞒报、漏报有关突发事件的信息，或者通报、报送、公布虚假信息，造成后果的；

（三）未按规定及时发布突发事件警报、采取预警期的措施，导致损害发生的；

（四）未按规定及时采取措施处置突发事件或者处置不当，造成后果的；

（五）不服从上级人民政府对突发事件应急处置工作的统一领导、指挥和协调的；

（六）未及时组织开展生产自救、恢复重建等善后工作的；

（七）截留、挪用、私分或者变相私分应急救援资金、物资的；

（八）不及时归还征用的单位和个人的财产，或者对被征用财产的单位和个人不按规定给予补偿的。

第六十四条　有关单位有下列情形之一的，由所在地履行统一领导职责的人民政府责令停产停业，暂扣或者吊销许可证或者营业执照，并处五万元以上二十万元以下的罚款；构成违反治安管理行为的，由公安机关依法给予处罚：

（一）未按规定采取预防措施，导致发生严重突发事件的；

（二）未及时消除已发现的可能引发突发事件的隐患，导致发生严重突发事件的；

（三）未做好应急设备、设施日常维护、检测工作，导致发生严重突发事件或者突发事件危害扩大的；

（四）突发事件发生后，不及时组织开展应急救援工作，造成严重后果的。

前款规定的行为，其他法律、行政法规规定由人民政府有关部门依法决定处罚的，从其规定。

第六十五条　违反本法规定，编造并传播有关突发事件事态发展或者应急处置工作的虚假信息，或者明知是有关突发事件事态发展或者应急处置工作的虚假信息而进行传播的，责令改正，给予警告；造成严重后果的，依法暂停其业务活动或者吊销其执业许可证；负有直接责任的人员是国家工作人员的，还应当对其依法给予处分；构成违反治安管理行为的，由公安机关依法给予处罚。

第六十六条　单位或者个人违反本法规定，不服从所在地人民政府及其有关部门发布的决定、命令或者不配合其依法采取的措施，构成违反治安管理行为的，由公安机关依法给予处罚。

第六十七条　单位或者个人违反本法规定，导致突发事件发生或者危害扩大，给他人人身、财产造成损害的，应当依法承担民事责任。

第六十八条　违反本法规定，构成犯罪的，依法追究刑事责任。

第七章　附　则

第六十九条　发生特别重大突发事件，对人民生命财产安全、国家安全、公共安全、环境安全或者社会秩序构成重大威胁，采取本法和其他有关法律、法规、规章规定的应急处置措施不能消除或者有效控制、减轻其严重社会危害，需要进入紧急状态的，由全国人民代表大会常务委员会或者国务院依照宪法和其他有关法律规定的权限和程序决定。

紧急状态期间采取的非常措施，依照有关法律规定执行或者由全国人民代表大会常务委员会另行规定。

第七十条　本法自2007年11月1日起施行。

生产安全事故应急预案管理办法

（2016年6月3日原国家安全生产监督管理总局令第88号公布，根据2019年7月11日应急管理部令第2号《应急管理部关于修改〈生产安全事故应急预案管理办法〉的决定》修正）

第一章　总　则

第一条　为规范生产安全事故应急预案管理工作，迅速有效处置生产安全事故，依据《中华人民共和国突发事件应对法》《中华人民共和国安全生产法》《生产安全事故应急条例》等法律、行政法规和《突发事件应急预案管理办法》（国办发〔2013〕101号），制定本办法。

第二条　生产安全事故应急预案（以下简称应急预案）的编制、评审、公布、备案、实施及监督管理工作，适用本办法。

第三条　应急预案的管理实行属地为主、分级负责、分类指导、综合协调、动态管理的原则。

第四条　应急管理部负责全国应急预案的综合协调管理工作。国务院其他负有安全生产监督管理职责的部门在各自职责范围内，负责相关行业、领域应急预案的管理工作。

县级以上地方各级人民政府应急管理部门负责本行政区域内应急预案的综合协调管理工作。县级以上地方各级人民政府其他负有安全生产监督管理职责的部门按照各自的职责负责有关行业、领域应急预案的管理工作。

第五条　生产经营单位主要负责人负责组织编制和实施本单位的应急

预案，并对应急预案的真实性和实用性负责；各分管负责人应当按照职责分工落实应急预案规定的职责。

第六条　生产经营单位应急预案分为综合应急预案、专项应急预案和现场处置方案。

综合应急预案，是指生产经营单位为应对各种生产安全事故而制定的综合性工作方案，是本单位应对生产安全事故的总体工作程序、措施和应急预案体系的总纲。

专项应急预案，是指生产经营单位为应对某一种或者多种类型生产安全事故，或者针对重要生产设施、重大危险源、重大活动防止生产安全事故而制定的专项性工作方案。

现场处置方案，是指生产经营单位根据不同生产安全事故类型，针对具体场所、装置或者设施所制定的应急处置措施。

第二章　应急预案的编制

第七条　应急预案的编制应当遵循以人为本、依法依规、符合实际、注重实效的原则，以应急处置为核心，明确应急职责、规范应急程序、细化保障措施。

第八条　应急预案的编制应当符合下列基本要求：

（一）有关法律、法规、规章和标准的规定；

（二）本地区、本部门、本单位的安全生产实际情况；

（三）本地区、本部门、本单位的危险性分析情况；

（四）应急组织和人员的职责分工明确，并有具体的落实措施；

（五）有明确、具体的应急程序和处置措施，并与其应急能力相适应；

（六）有明确的应急保障措施，满足本地区、本部门、本单位的应急工作需要；

（七）应急预案基本要素齐全、完整，应急预案附件提供的信息准确；

（八）应急预案内容与相关应急预案相互衔接。

第九条　编制应急预案应当成立编制工作小组，由本单位有关负责人任组长，吸收与应急预案有关的职能部门和单位的人员，以及有现场处置经验的人员参加。

第十条　编制应急预案前，编制单位应当进行事故风险辨识、评估和应急资源调查。

事故风险辨识、评估，是指针对不同事故种类及特点，识别存在的危险危害因素，分析事故可能产生的直接后果以及次生、衍生后果，评估各种后果的危害程度和影响范围，提出防范和控制事故风险措施的过程。

应急资源调查，是指全面调查本地区、本单位第一时间可以调用的应急资源状况和合作区域内可以请求援助的应急资源状况，并结合事故风险辨识评估结论制定应急措施的过程。

第十一条　地方各级人民政府应急管理部门和其他负有安全生产监督管理职责的部门应当根据法律、法规、规章和同级人民政府以及上一级人民政府应急管理部门和其他负有安全生产监督管理职责的部门的应急预案，结合工作实际，组织编制相应的部门应急预案。

部门应急预案应当根据本地区、本部门的实际情况，明确信息报告、响应分级、指挥权移交、警戒疏散等内容。

第十二条　生产经营单位应当根据有关法律、法规、规章和相关标准，结合本单位组织管理体系、生产规模和可能发生的事故特点，与相关预案保持衔接，确立本单位的应急预案体系，编制相应的应急预案，并体现自救互救和先期处置等特点。

第十三条　生产经营单位风险种类多、可能发生多种类型事故的，应当组织编制综合应急预案。

综合应急预案应当规定应急组织机构及其职责、应急预案体系、事故风险描述、预警及信息报告、应急响应、保障措施、应急预案管理等内容。

第十四条　对于某一种或者多种类型的事故风险，生产经营单位可以编制相应的专项应急预案，或将专项应急预案并入综合应急预案。

专项应急预案应当规定应急指挥机构与职责、处置程序和措施等内容。

第十五条　对于危险性较大的场所、装置或者设施，生产经营单位应当编制现场处置方案。

现场处置方案应当规定应急工作职责、应急处置措施和注意事项等内容。

事故风险单一、危险性小的生产经营单位，可以只编制现场处置方案。

第十六条　生产经营单位应急预案应当包括向上级应急管理机构报告的内容、应急组织机构和人员的联系方式、应急物资储备清单等附件信息。附件信息发生变化时，应当及时更新，确保准确有效。

第十七条　生产经营单位组织应急预案编制过程中，应当根据法律、法规、规章的规定或者实际需要，征求相关应急救援队伍、公民、法人或者其他组织的意见。

第十八条　生产经营单位编制的各类应急预案之间应当相互衔接，并与相关人民政府及其部门、应急救援队伍和涉及的其他单位的应急预案相衔接。

第十九条　生产经营单位应当在编制应急预案的基础上，针对工作场所、岗位的特点，编制简明、实用、有效的应急处置卡。

应急处置卡应当规定重点岗位、人员的应急处置程序和措施，以及相关联络人员和联系方式，便于从业人员携带。

第三章　应急预案的评审、公布和备案

第二十条　地方各级人民政府应急管理部门应当组织有关专家对本部门编制的部门应急预案进行审定；必要时，可以召开听证会，听取社会有关方面的意见。

第二十一条　矿山、金属冶炼企业和易燃易爆物品、危险化学品的生产、经营（带储存设施的，下同）、储存、运输企业，以及使用危险化学品达到国家规定数量的化工企业、烟花爆竹生产、批发经营企业和中型规模以上的其他生产经营单位，应当对本单位编制的应急预案进行评审，并形成书面评审纪要。

前款规定以外的其他生产经营单位可以根据自身需要，对本单位编制的应急预案进行论证。

第二十二条　参加应急预案评审的人员应当包括有关安全生产及应急管理方面的专家。

评审人员与所评审应急预案的生产经营单位有利害关系的，应当回避。

第二十三条　应急预案的评审或者论证应当注重基本要素的完整性、组织体系的合理性、应急处置程序和措施的针对性、应急保障措施的可行性、应急预案的衔接性等内容。

第二十四条　生产经营单位的应急预案经评审或者论证后，由本单位主要负责人签署，向本单位从业人员公布，并及时发放到本单位有关部门、岗位和相关应急救援队伍。

事故风险可能影响周边其他单位、人员的，生产经营单位应当将有关事故风险的性质、影响范围和应急防范措施告知周边的其他单位和人员。

第二十五条　地方各级人民政府应急管理部门的应急预案，应当报同级人民政府备案，同时抄送上一级人民政府应急管理部门，并依法向社会公布。

地方各级人民政府其他负有安全生产监督管理职责的部门的应急预案，应当抄送同级人民政府应急管理部门。

第二十六条　易燃易爆物品、危险化学品等危险物品的生产、经营、储存、运输单位，矿山、金属冶炼、城市轨道交通运营、建筑施工单位，以及宾馆、商场、娱乐场所、旅游景区等人员密集场所经营单位，应当在应急预案公布之日起20个工作日内，按照分级属地原则，向县级以上人民政府应急管理部门和其他负有安全生产监督管理职责的部门进行备案，并依法向社会公布。

前款所列单位属于中央企业的，其总部（上市公司）的应急预案，报国务院主管的负有安全生产监督管理职责的部门备案，并抄送应急管理部；其所属单位的应急预案报所在地的省、自治区、直辖市或者设区的市级人民政府主管的负有安全生产监督管理职责的部门备案，并抄送同级人民政府应急管理部门。

本条第一款所列单位不属于中央企业的，其中非煤矿山、金属冶炼和危险化学品生产、经营、储存、运输企业，以及使用危险化学品达到国家规定数量的化工企业、烟花爆竹生产、批发经营企业的应急预案，按照隶属关系报所在地县级以上地方人民政府应急管理部门备案；本款前述单位以外的其他生产经营单位应急预案的备案，由省、自治区、直辖市人民政府负有安全生产监督管理职责的部门确定。

油气输送管道运营单位的应急预案，除按照本条第一款、第二款的规定备案外，还应当抄送所经行政区域的县级人民政府应急管理部门。

海洋石油开采企业的应急预案，除按照本条第一款、第二款的规定备案外，还应当抄送所经行政区域的县级人民政府应急管理部门和海洋石油安全监管机构。

煤矿企业的应急预案除按照本条第一款、第二款的规定备案外，还应当抄送所在地的煤矿安全监察机构。

第二十七条　生产经营单位申报应急预案备案，应当提交下列材料：

（一）应急预案备案申报表；

（二）本办法第二十一条所列单位，应当提供应急预案评审意见；

（三）应急预案电子文档；

（四）风险评估结果和应急资源调查清单。

第二十八条　受理备案登记的负有安全生产监督管理职责的部门应当在5个工作日内对应急预案材料进行核对，材料齐全的，应当予以备案并出具应急预案备案登记表；材料不齐全的，不予备案并一次性告知需要补齐的材料。逾期不予备案又不说明理由的，视为已经备案。

对于实行安全生产许可的生产经营单位，已经进行应急预案备案的，在申请安全生产许可证时，可以不提供相应的应急预案，仅提供应急预案备案登记表。

第二十九条　各级人民政府负有安全生产监督管理职责的部门应当建立应急预案备案登记建档制度，指导、督促生产经营单位做好应急预案的备案登记工作。

第四章　应急预案的实施

第三十条　各级人民政府应急管理部门、各类生产经营单位应当采取多种形式开展应急预案的宣传教育，普及生产安全事故避险、自救和互救知识，提高从业人员和社会公众的安全意识与应急处置技能。

第三十一条　各级人民政府应急管理部门应当将本部门应急预案的培训纳入安全生产培训工作计划，并组织实施本行政区域内重点生产经营单位的应急预案培训工作。

生产经营单位应当组织开展本单位的应急预案、应急知识、自救互救和避险逃生技能的培训活动，使有关人员了解应急预案内容，熟悉应急职责、应急处置程序和措施。

应急培训的时间、地点、内容、师资、参加人员和考核结果等情况应当如实记入本单位的安全生产教育和培训档案。

第三十二条　各级人民政府应急管理部门应当至少每两年组织一次应急预案演练，提高本部门、本地区生产安全事故应急处置能力。

第三十三条　生产经营单位应当制定本单位的应急预案演练计划，根据本单位的事故风险特点，每年至少组织一次综合应急预案演练或者专项应急预案演练，每半年至少组织一次现场处置方案演练。

易燃易爆物品、危险化学品等危险物品的生产、经营、储存、运输单位，矿山、金属冶炼、城市轨道交通运营、建筑施工单位，以及宾馆、商场、娱乐场所、旅游景区等人员密集场所经营单位，应当至少每半年组织一次生产安全事故应急预案演练，并将演练情况报送所在地县级以上地方人民政府负有安全生产监督管理职责的部门。

县级以上地方人民政府负有安全生产监督管理职责的部门应当对本行政区域内前款规定的重点生产经营单位的生产安全事故应急救援预案演练进行抽查；发现演练不符合要求的，应当责令限期改正。

第三十四条　应急预案演练结束后，应急预案演练组织单位应当对应急预案演练效果进行评估，撰写应急预案演练评估报告，分析存在的问题，并对应急预案提出修订意见。

第三十五条　应急预案编制单位应当建立应急预案定期评估制度，对预案内容的针对性和实用性进行分析，并对应急预案是否需要修订作出结论。

矿山、金属冶炼、建筑施工企业和易燃易爆物品、危险化学品等危险物品的生产、经营、储存、运输企业、使用危险化学品达到国家规定数量的化工企业、烟花爆竹生产、批发经营企业和中型规模以上的其他生产经营单位，应当每三年进行一次应急预案评估。

应急预案评估可以邀请相关专业机构或者有关专家、有实际应急救援工作经验的人员参加，必要时可以委托安全生产技术服务机构实施。

第三十六条　有下列情形之一的，应急预案应当及时修订并归档：

（一）依据的法律、法规、规章、标准及上位预案中的有关规定发生重大变化的；

（二）应急指挥机构及其职责发生调整的；

（三）安全生产面临的风险发生重大变化的；

（四）重要应急资源发生重大变化的；

（五）在应急演练和事故应急救援中发现需要修订预案的重大问题的；

（六）编制单位认为应当修订的其他情况。

第三十七条　应急预案修订涉及组织指挥体系与职责、应急处置程序、主要处置措施、应急响应分级等内容变更的，修订工作应当参照本办法规定的应急预案编制程序进行，并按照有关应急预案报备程序重新备案。

第三十八条　生产经营单位应当按照应急预案的规定，落实应急指挥体系、应急救援队伍、应急物资及装备，建立应急物资、装备配备及其使用档案，并对应急物资、装备进行定期检测和维护，使其处于适用状态。

第三十九条　生产经营单位发生事故时，应当第一时间启动应急响应，组织有关力量进行救援，并按照规定将事故信息及应急响应启动情况报告事故发生地县级以上人民政府应急管理部门和其他负有安全生产监督管理职责的部门。

第四十条　生产安全事故应急处置和应急救援结束后，事故发生单位应当对应急预案实施情况进行总结评估。

第五章　监督管理

第四十一条　各级人民政府应急管理部门和煤矿安全监察机构应当将生产经营单位应急预案工作纳入年度监督检查计划，明确检查的重点内容和标准，并严格按照计划开展执法检查。

第四十二条　地方各级人民政府应急管理部门应当每年对应急预案的监督管理工作情况进行总结，并报上一级人民政府应急管理部门。

第四十三条　对于在应急预案管理工作中做出显著成绩的单位和人

员，各级人民政府应急管理部门、生产经营单位可以给予表彰和奖励。

第六章　法律责任

第四十四条　生产经营单位有下列情形之一的，由县级以上人民政府应急管理等部门依照《中华人民共和国安全生产法》第九十四条的规定，责令限期改正，可以处5万元以下罚款；逾期未改正的，责令停产停业整顿，并处5万元以上10万元以下的罚款，对直接负责的主管人员和其他直接责任人员处1万元以上2万元以下的罚款：

（一）未按照规定编制应急预案的；

（二）未按照规定定期组织应急预案演练的。

第四十五条　生产经营单位有下列情形之一的，由县级以上人民政府应急管理部门责令限期改正，可以处1万元以上3万元以下的罚款：

（一）在应急预案编制前未按照规定开展风险辨识、评估和应急资源调查的；

（二）未按照规定开展应急预案评审的；

（三）事故风险可能影响周边单位、人员的，未将事故风险的性质、影响范围和应急防范措施告知周边单位和人员的；

（四）未按照规定开展应急预案评估的；

（五）未按照规定进行应急预案修订的；

（六）未落实应急预案规定的应急物资及装备的。

生产经营单位未按照规定进行应急预案备案的，由县级以上人民政府应急管理等部门依照职责责令限期改正；逾期未改正的，处3万元以上5万元以下的罚款，对直接负责的主管人员和其他直接责任人员处1万元以上2万元以下的罚款。

第七章　附　则

第四十六条　《生产经营单位生产安全事故应急预案备案申报表》和《生产经营单位生产安全事故应急预案备案登记表》由应急管理部统一制定。

第四十七条　各省、自治区、直辖市应急管理部门可以依据本办法的规定，结合本地区实际制定实施细则。

第四十八条　对储存、使用易燃易爆物品、危险化学品等危险物品的科研机构、学校、医院等单位的安全事故应急预案的管理，参照本办法的有关规定执行。

第四十九条　本办法自2016年7月1日起施行。

生产经营单位生产安全事故应急预案编制导则

（GB/T 29639—2013）

1. 范围

本标准规定了生产经营单位编制生产安全事故应急预案（以下简称应急预案）的编制程序、体系构成以及综合应急预案、专项应急预案、现场处置方案和附件的主要内容。

本标准适用于生产经营单位的应急预案编制工作，其他社会组织和单位的应急预案编制可参照本标准执行。

2. 规范性引用文件

下列文件对于本标准的应用是必不可少的。凡是注日期的引用文件，仅注日期的版本适用于本标准。凡是不注日期的引用文件，其最新版本（包括所有的修改单）适用于本文件。

GB/T 20000.4 标准化工作指南 第4部分：标准中涉及安全的内容

AQ/T 9007 生产安全事故应急演练指南

3. 术语和定义

下列术语和定义适用于本文件。

3.1 应急预案 emergency plan

为有效预防和控制可能发生的事故，最大程度减少事故及其造成损害而预先制定的工作方案。

3.2 应急准备 emergency preparedness

针对可能发生的事故，为迅速、科学、有序地开展应急行动而预先进行的思想准备、组织准备和物资准备。

3.3　应急响应 emergency response

针对发生的事故，有关组织或人员采取的应急行动。

3.4　应急救援 emergency rescue

在应急响应过程中，为最大限度地降低事故造成的损失或危害，防止事故扩大，而采取的紧急措施或行动。

3.5　应急演练 emergency exercise

针对可能发生的事故情景，依据应急预案而模拟开展的应急活动。

4. 应急预案编制程序

4.1　概述

生产经营单位编制应急预案包括成立应急预案编制工作组、资料收集、风险评估、应急能力评估、编制应急预案和应急预案评审6个步骤。

4.2　成立应急预案编制工作组

生产经营单位应结合本单位部门职能和分工，成立以单位主要负责人（或分管负责人）为组长，单位相关部门人员参加的应急预案编制工作组，明确工作职责和任务分工，制定工作计划，组织开展应急预案编制工作。

4.3　资料收集

应急预案编制工作组应收集与预案编制工作相关的法律法规、技术标准、应急预案、国内外同行业企业事故资料，同时收集本单位安全生产相关技术资料、周边环境影响、应急资源等有关资料。

4.4　风险评估

主要内容包括：

a）分析生产经营单位存在的危险因素，确定事故危险源；

b）分析可能发生的事故类型及后果，并指出可能产生的次生、衍生事故；

c）评估事故的危害程度和影响范围，提出风险防控措施。

4.5 应急能力评估

在全面调查和客观分析生产经营单位应急队伍、装备、物资等应急资源状况基础上开展应急能力评估，并依据评估结果，完善应急保障措施。

4.6 编制应急预案

依据生产经营单位风险评估及应急能力评估结果，组织编制应急预案。应急预案编制应注重系统性和可操作性，做到与相关部门和单位应急预案相衔接。应急预案编制格式和要求见附录A。

4.7 应急预案评审

应急预案编制完成后，生产经营单位应组织评审。评审分为内部评审和外部评审，内部评审由生产经营单位主要负责人组织有关部门和人员进行。外部评审由生产经营单位组织外部有关专家和人员进行评审。应急预案评审合格后，由生产经营单位主要负责人（或分管负责人）签发实施，并进行备案管理。

5. 应急预案体系

5.1 概述

生产经营单位的应急预案体系主要由综合应急预案、专项应急预案和现场处置方案构成。生产经营单位应根据本单位组织管理体系、生产规模、危险源的性质以及可能发生的事故类型确定应急预案体系，并可根据本单位的实际情况，确定是否编制专项应急预案。风险因素单一的小微型生产经营单位可只编写现场处置方案。

5.2 综合应急预案

综合应急预案是生产经营单位应急预案体系的总纲，主要从总体上阐述事故的应急工作原则，包括生产经营单位的应急组织机构及职责、应急预案体系、事故风险描述、预警及信息报告、应急响应、保障措施、应急预案管理等内容。

5.3　专项应急预案

专项应急预案是生产经营单位为应对某一类型或某几种类型事故，或者针对重要生产设施、重大危险源、重大活动等内容而制定的应急预案。专项应急预案主要包括事故风险分析、应急指挥机构及职责、处置程序和措施等内容。

5.4　现场处置方案

现场处置方案是生产经营单位根据不同事故类别，针对具体的场所、装置或设施所制定的应急处置措施，主要包括事故风险分析、应急工作职责、应急处置和注意事项等内容。生产经营单位应根据风险评估、岗位操作规程以及危险性控制措施，组织本单位现场作业人员及相关专业人员共同进行编制现场处置方案。

6.综合应急预案主要内容

6.1　总则

6.1.1　编制目的

简述应急预案编制的目的。

6.1.2　编制依据

简述应急预案编制所依据的法律、法规、规章、标准和规范性文件以及相关应急预案等。

6.1.3　适用范围

说明应急预案适用的工作范围和事故类型、级别。

6.1.4　应急预案体系

说明生产经营单位应急预案体系的构成情况，可用框图形式表述。

6.1.5　应急工作原则

说明生产经营单位应急工作的原则，内容应简明扼要、明确具体。

6.2　事故风险描述

简述生产经营单位存在或可能发生的事故风险种类、发生的可能性以及严重程度及影响范围等。

6.3 应急组织机构及职责

明确生产经营单位的应急组织形式及组成单位或人员，可用结构图的形式表示，明确构成部门的职责。应急组织机构根据事故类型和应急工作需要，可设置相应的应急工作小组，并明确各小组的工作任务及职责。

6.4 预警及信息报告

6.4.1 预警

根据生产经营单位监测监控系统数据变化状况、事故险情紧急程度和发展势态或有关部门提供的预警信息进行预警，明确预警的条件、方式、方法和信息发布的程序。

6.4.2 信息报告

按照有关规定，明确事故及事故险情信息报告程序，主要包括：

a）信息接收与通报

明确24小时应急值守电话、事故信息接收、通报程序和责任人。

b）信息上报

明确事故发生后向上级主管部门或单位报告事故信息的流程、内容、时限和责任人。

c）信息传递

明确事故发生后向本单位以外的有关部门或单位通报事故信息的方法、程序和责任人。

6.5 应急响应

6.5.1 响应分级

针对事故危害程度、影响范围和生产经营单位控制事态的能力，对事故应急响应进行分级，明确分级响应的基本原则。

6.5.2 响应程序

根据事故级别和发展态势，描述应急指挥机构启动、应急资源调配、应急救援、扩大应急等响应程序。

6.5.3　处置措施

针对可能发生的事故风险、事故危害程度和影响范围，制定相应的应急处置措施，明确处置原则和具体要求。

6.5.4　应急结束

明确现场应急响应结束的基本条件和要求。

6.6　信息公开

明确向有关新闻媒体、社会公众通报事故信息的部门、负责人和程序以及通报原则。

6.7　后期处置

主要明确污染物处理、生产秩序恢复、医疗救治、人员安置、善后赔偿、应急救援评估等内容。

6.8　保障措施

6.8.1　通信与信息保障

明确与可为本单位提供应急保障的相关单位或人员通信联系方式和方法，并提供备用方案。同时，建立信息通信系统及维护方案，确保应急期间信息通畅。

6.8.2　应急队伍保障

明确应急响应的人力资源，包括应急专家、专业应急队伍、兼职应急队伍等。

6.8.3　物资装备保障

明确生产经营单位的应急物资和装备的类型、数量、性能、存放位置、运输及使用条件、管理责任人及其联系方式等内容。

6.8.4　其他保障

根据应急工作需求而确定的其他相关保障措施（如：经费保障、交通运输保障、治安保障、技术保障、医疗保障、后勤保障等）。

6.9　应急预案管理

6.9.1　应急预案培训

明确对本单位人员开展的应急预案培训计划、方式和要求，使有关人员了解相关应急预案内容，熟悉应急职责、应急程序和现场处置方案。如果应急预案涉及到社区和居民，要做好宣传教育和告知等工作。

6.9.2　应急预案演练

明确生产经营单位不同类型应急预案演练的形式、范围、频次、内容以及演练评估、总结等要求。

6.9.3　应急预案修订

明确应急预案修订的基本要求，并定期进行评审，实现可持续改进。

6.9.4　应急预案备案

明确应急预案的报备部门，并进行备案。

6.9.5　应急预案实施

明确应急预案实施的具体时间、负责制定与解释的部门。

7. 专项应急预案主要内容

7.1　事故风险分析

针对可能发生的事故风险，分析事故发生的可能性以及严重程度、影响范围等。

7.2　应急指挥机构及职责

根据事故类型，明确应急指挥机构总指挥、副总指挥以及各成员单位或人员的具体职责。应急指挥机构可以设置相应的应急救援工作小组，明确各小组的工作任务及主要负责人职责。

7.3　处置程序

明确事故及事故险情信息报告程序和内容，报告方式和责任人等内容。根据事故响应级别，具体描述事故接警报告和记录、应急指挥机构启动、应急指挥、资源调配、应急救援、扩大应急等应急响应程序。

7.4　处置措施

针对可能发生的事故风险、事故危害程度和影响范围，制定相应的应急处置措施，明确处置原则和具体要求。

8. 现场处置方案主要内容

8.1　事故风险分析

主要包括：

a）事故类型；

b）事故发生的区域、地点或装置的名称；

c）事故发生的可能时间、事故的危害严重程度及其影响范围；

d）事故前可能出现的征兆；

e）事故可能引发的次生、衍生事故。

8.2　应急工作职责

根据现场工作岗位、组织形式及人员构成，明确各岗位人员的应急工作分工和职责。

8.3　应急处置

主要包括以下内容：

a）事故应急处置程序。根据可能发生的事故及现场情况，明确事故报警、各项应急措施启动、应急救护人员的引导、事故扩大及同生产经营单位应急预案衔接的程序。

b）现场应急处置措施。针对可能发生的火灾、爆炸、危险化学品泄漏、坍塌、水患、机动车辆伤害等，从人员救护、工艺操作、事故控制、消防、现场恢复等方面制定明确的应急处置措施。

c）明确报警负责人以及报警电话及上级管理部门、相关应急救援单位联络方式和联系人员，事故报告基本要求和内容。

8.4　注意事项

主要包括：

a）佩戴个人防护器具方面的注意事项；

b）使用抢险救援器材方面的注意事项；

c）采取救援对策或措施方面的注意事项；

d）现场自救和互救注意事项；

e）现场应急处置能力确认和人员安全防护等事项；

f）应急救援结束后的注意事项；

g）其他需要特别警示的事项。

9. 附件

9.1 有关应急部门、机构或人员的联系方式

列出应急工作中需要联系的部门、机构或人员的多种联系方式，当发生变化时及时进行更新。

9.2 应急物资装备的名录或清单

列出应急预案涉及的主要物资和装备名称、型号、性能、数量、存放地点、运输和使用条件、管理责任人和联系电话等。

9.3 规范化格式文本

应急信息接报、处理、上报等规范化格式文本。

9.4 关键的路线、标识和图纸

主要包括：

a）警报系统分布及覆盖范围；

b）重要防护目标、危险源一览表、分布图；

c）应急指挥部位置及救援队伍行动路线；

d）疏散路线、警戒范围、重要地点等的标识；

e）相关平面布置图纸、救援力量的分布图纸等。

9.5 有关协议或备忘录

列出与相关应急救援部门签订的应急救援协议或备忘录。

附　录　A　（资料性附录）应急预案编制格式和要求

A.1　封面

应急预案封面主要包括应急预案编号、应急预案版本号、生产经营单位名称、应急预案名称、编制单位名称、颁布日期等内容。

A.2　批准页

应急预案应经生产经营单位主要负责人（或分管负责人）批准方可发布。

A.3　目次

应急预案应设置目次，目次中所列的内容及次序如下：

——批准页；

——章的编号、标题；

——带有标题的条的编号、标题（需要时列出）；

——附件，用序号表明其顺序。

A.4　印刷与装订

应急预案推荐采用A4版面印刷，活页装订。

后　记

教育部等11部门2016年11月30日发布《关于推进中小学生研学旅行的意见》以来，各省、自治区、直辖市也相继出台了实施意见，中小学研学旅行工作迅速推进，蓬勃发展。研学旅行从业机构如雨后春笋，遍地开花。

但是我们也必须清醒地看到，作为校外实践教育的研学旅行，是一种全新的课程形态，由于其自身的课程特点，课程实施过程中安全风险客观存在。安全问题是中小学校长们最担心的问题，安全问题就像一把达摩克利斯之剑，高悬在从业人员头上，成为制约研学旅行健康发展的最重要因素。

一方面，研学旅行的学习资源极其丰富和复杂，各类资源蕴含着不同的安全风险，对于从业人员的安全风险辨识能力、安全风险监控能力和安全风险的处置能力要求极高，对于研学旅行从业人员来说，还必须要掌握与安全管理和未成年人保护相关的法律知识，所以，研学旅行安全管理与安全保障对从业人员提出了很高的知识和能力要求。而另一方面，由学校教师、教育管理人员和旅行社等承办方机构从业人员组成的研学旅行导师团队成员对风险管理都不够专业。在课程实施过程中如何进行风险管理，防范事故的发生，以及如何应对可能出现的安全问题，对研学旅行大师团队来说是一项极大的挑战。

为了帮助研学旅行行政管理机构制订研学旅行安全管理机制，帮助研学旅行从业机构制订研学旅行安全管理工作体系，帮助研学旅行从业人员提高研学旅行安全风险管理能力，保障中小学生在研学旅行中的生命财产安全，保障研学旅行健康发展，我们编写了这本《研学旅行安全工作指南》。本书共三编六章，分别从研学旅行安全管理机制建设、研学旅行各方的安全职责和研学旅行安全问题的分类及应对措施三个维度对研学旅行安全工作进行了梳理，希望能够对研学旅行行政管理部门、研学旅行从业机构和研学旅行从业人员三个层次的安全工作都有所帮助。

本书的创作得到了中国职业安全健康协会、山东新华书店集团、山东省书香研学旅行社的大力支持。国务院安全生产委员会专家咨询委员会主任、原国家安全生产监督管理总局党组副书记、副局长兼国家安全生产应急救援指挥中心主任、中国职业安全健康协会理事长王德学先生在百忙中为本书作序，是对我们莫大的鼓励，我们在此表示衷心的感谢！山东新华书店集团董事长刘文田先生、总经理彭忠喜先生、副总经理蔡涤先生也给予了有力支持和帮助，山东教育出版社副总编范增民先生、责任编辑刘世贵主任、张达老师也为本书的出版付出了辛勤的劳动，我们在此一并表示感谢！

因时间仓促，作者水平所限，书中难免存在不当之处，敬请广大读者批评指正！

2019年8月